초등학생이 알아야 할

과학 100가지

알렉스 프리스, 미나 레이시, 제롬 마틴, 조너선 멜모스 글

페데리코 마리아니, 조지 마틴 그림 · 최새미 옮김

과학이란 뭘까요?

세상이 어떻게 작동하는지 고민하여 새로운 원리나 법칙을 찾아내는 학문이에요. 과학자들은 눈에 쉽게 보이지 않는 세상의 '커다란 문제'를 해결하기 위해 다양한 분야에서 전문적인 연구를 하고 있지요.

핵물리학

나는 무엇으로 만들어졌을까?

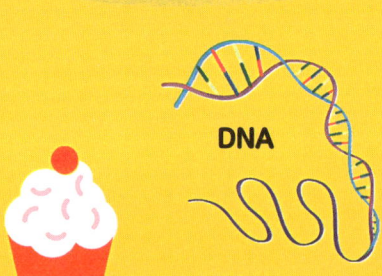

미생물학

식품 과학

DNA

고생물학

화학

진화 생물학

어떻게 하면 더 쉽게 들어 올릴까?

인류는 어디서 왔을까?

기계 공학

각 과학 용어에 대한 설명은
이 책 115~119쪽의
낱말 풀이에서 찾아보세요.

우주론

어떻게 우주가
태어났을까?

재활용은
왜 중요할까?

지구 과학

석유 화학

우주에서 가장
빠른 것은 무엇일까?

태양 과학

항공 역학

바다 밑은
어떻게 생겼을까?

해양학

때로 과학은 많은 사람들이
이미 알고 있는 사실을
새삼 확인하기도 해요.
어쨌든 날마다 과학자들은
새로운 물음을 던지고,
놀랄 만한 사실을 밝혀내고 있지요.

1 우주에는…
모든 것이 있어요.

태양

지구
(실제 비율이 아님)

망원경과 같은 기구로는 우주 전체의
아주 작은 부분만 관측할 수 있어요.
이 부분을 **관측 가능한 우주**라고
부르지요.

우주의 끝이 있다면,
우주경계선은 지구로부터
어마어마하게 먼 곳에 존재할 거예요.

우주의 형태는 아무도 몰라요.
아직도 정확히 밝혀지지 않았어요.

우주는 이미
상상할 수 없을 만큼 **커요.**
게다가 우주는 **점점 점점 점점
더 커지고 있어요.**

2 광년이란...
시간이 아니라 거리를 재는 단위예요.

빛이 진공 속에서 1년 동안
이동한 거리를 **1광년**이라고 불러요.

태양 다음으로 지구와 가까운 항성*인
'프록시마 켄타우리'까지는 **4광년**이 걸려요.

*항성: 스스로 빛과 열을 내는 별. 지구로부터 아주
 멀리 있어 거의 움직이지 않는 것처럼 보여요.

| 태양 | 지구 | | | | | | 프록시마 켄타우리 |

8광분*　　　　　　　1광년

관측 가능한 우주의 끝은 지구로부터 **460억 광년**에 이를 만큼 멀어요.　　*광분: 빛이 진공에서 1분간 나아가는 거리

3 지구의 모든 생명은…

조상의 조상을 따라 올라가면 결국 같은 조상을 만나요.

과학자들은 생명을 분류해서 **계**라고 불리는 단위로 나눠요.
여기서 살펴볼 5계는 하나의 계에서 진화했어요.
가장 오래된 조상은 바로 **원핵생물계**로 불리는 생물이지요.

식물계

약 **4억 8,000만 년** 전에 처음 등장했어요.

알려진 식물의 수: **30만 종**

동물계

약 **5억 8,000만 년** 전에 처음 등장했어요.

무척추동물
(등뼈가 없는 동물)
가장 오래된 동물의 형태예요.
알려진 무척추동물 종의 수: **120만 종**

척추동물
(등뼈가 있는 동물)
약 **5억 2,500만 년** 전에 처음 등장했어요.
알려진 척추동물 종의 수: **7만 종**

균계

약 **15억 년** 전에 처음 등장했어요.

알려진 균계 종의 수: **15만 종**

원생생물계

(플랑크톤이나 조류 같은 아주 작은 생물)

약 **17억 년** 전에 처음 등장했어요.

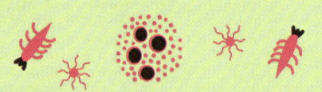

알려진 원생생물계 종의 수: **3만 종**

원핵생물계
(박테리아같이 눈에 보이지 않을 정도로 작은 생물)

약 **38억 년** 전에 처음 등장했어요.
원핵생물계의 전체 종 수: **알려지지 않았어요.**

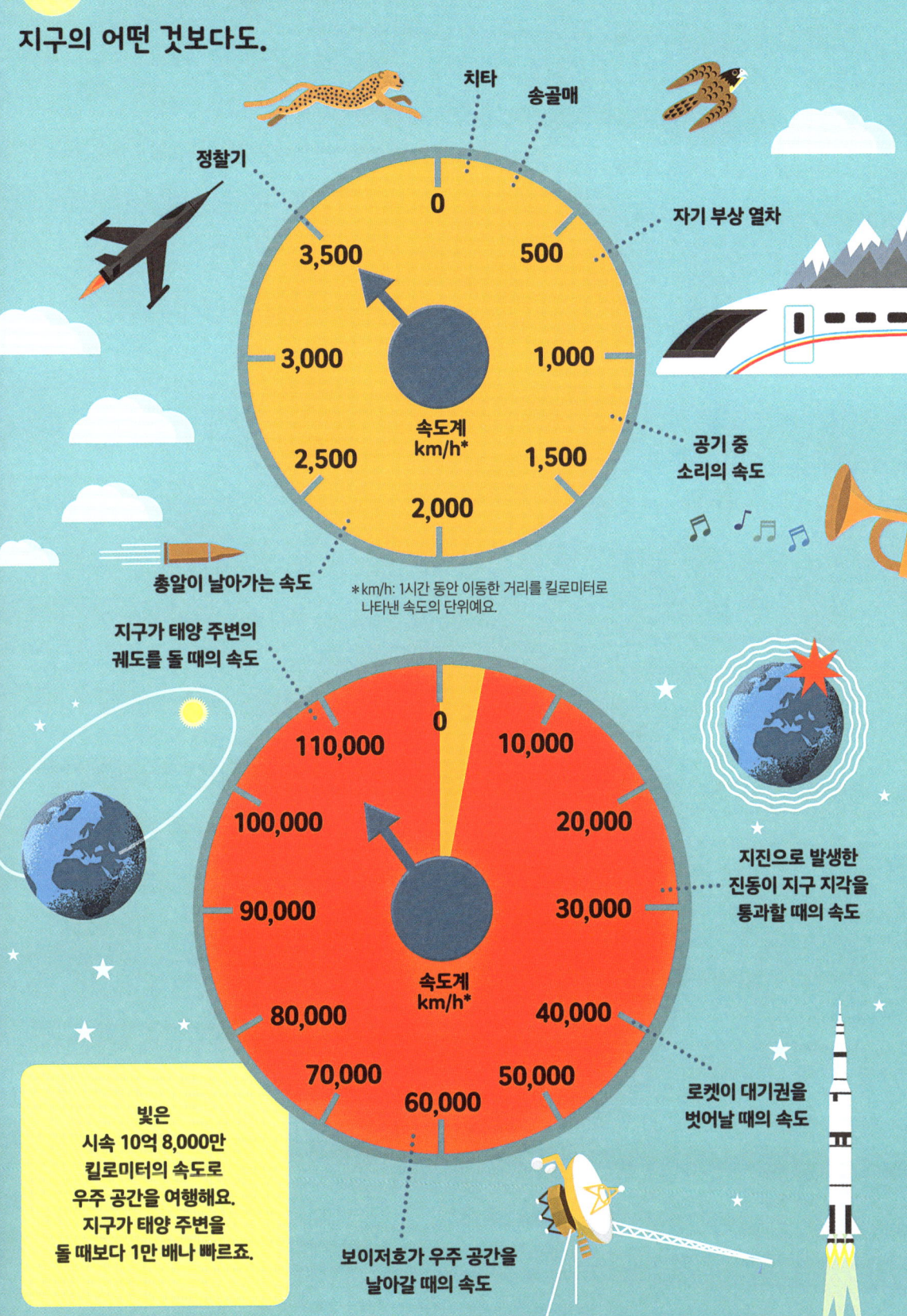

5 내 몸의…

65퍼센트가 산소예요.

사람의 몸은 여러 가지 화학 원소로 이루어져요. 어른의 몸을 살펴볼까요.

- 탄소: **18%**
- 칼슘: **1%**
- 수소: **10%**
- 질소: **3%**
- 인: **1%**
- 산소: **65%**
- 기타: **2%**

우리 몸 속의 산소와 수소는 대부분 물의 형태로 결합되어 있어요.

어른의 몸은 다음과 같은 요소로 구성돼요.

근육: 650개	기관: 78개
뼈: 206개	피부: 1.8㎡

*옥틸리언: 1,000의 9제곱

대략
7,000,000,000,000,000,000,000,000,000
(7 옥틸리언*)개의 원자들

평균적인 여성 / 평균적인 남성

평균적인 여성		평균적인 남성
35%	근육	45%
27%	지방	16%
14%	뼈	15%
12%	기관	12%
7%	혈액	7%
5%	기타	5%

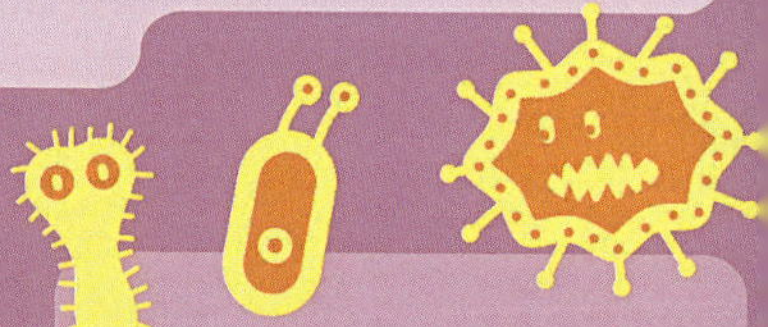

과학자들은 우리 몸속에 우리 몸을 이루는 세포 수와 맞먹는 수의 박테리아가 있다고 생각해요.

6 우리 집 쓰레기가…

새 옷으로 변신해요.

재활용은 오래된 것을 새로운 것으로 바꾸는 과정이에요.
재활용을 하면 에너지를 절약하고 지구의 자원을 보존할 수 있어요.

플라스틱
5개의 플라스틱 병은…

…녹인 후
여러 과정을 거치면
스키복 자켓 한 벌을
충분히 채우는 재료가
될 수 있어요.

하지만 새 플라스틱 병을 다시 만들 수는 없어요.
플라스틱을 재활용하면
품질이 떨어지기 때문이지요.

알루미늄

하나의 **일반 캔**을 만드는 에너지로
20개의 재활용 캔을 만들 수 있어요.

종이
종이를 만들기 위해 아주 많은 목재와 물, 에너지를 사용해요.
하지만 쓰고 난 폐지는 재활용해 새로운 종이로 쓸 수 있어요.
폐지 1톤을 재활용하면 아래만큼이나 자원을 절약할 수 있어요!

나무 **17** 그루

욕조 **200** 개를 채울 물

한 가정에서 **6개월** 동안 사용할 전기

유리

유리가 자연히 분해되려면 수천 년은 걸릴 거예요.
만약 유리병을 재활용하지 않고 그대로 버린다면
산처럼 쌓이고 말겠지요.

플라스틱과 종이는
재활용할 때마다 품질이 나빠져
언젠가는 사용할 수 없게 돼요.
하지만 유리나 알루미늄 캔은
계속 재활용할 수 있어요.

7 초고층 빌딩은...

바람에 흔들리도록 설계해요.

강풍이 불면 초고층 빌딩은 아주 큰 힘을 받아 흔들려요. 엔지니어들은 초고층 빌딩이 흔들리더라도 사람들이 불편함을 느끼지 않도록 2미터 폭 안에서만 움직이도록 안전하게 설계해요.

세계에서 가장 높은 빌딩
아랍에미리트 두바이에 위치한 부르즈 칼리파 빌딩

높이: 828미터
층수: 163층
엘리베이터: 57개
엘리베이터 속도: 1초에 3층을 이동하는 빠르기
기초: 50미터 깊이에 지지 기둥 192개

풍속
태풍이 오면 시속 160킬로미터 이상에 이를 수 있어요.

초고층 빌딩은 강풍에서 잘 견디면서도 건물의 무게를 받칠 수 있도록 단단한 구조가 필요해요. 건물을 지지하기 위해 땅 밑에 거대한 기초를 설치하지요.

공사 중에는 **강력한 펌프**가 콘크리트를 건물 꼭대기까지 끌어올려요. 더운 나라에서는 펌프로 붇에 시원할 때 기둥시켜서, 콘크리트가 위로 올라오는 사이에 마르지 않게 해요.

80층을 견디는 건물 뼈대인 **강철 기둥**이 두께야 무게가 달라져요. 아래층의 강철 기둥은 굵고 무거우지만 위층 것은 가늘고 가볍지요. 이렇게 해서 꼭대기의 무게를 줄여요.

8 대기가 없다면…

우리는 지구에서 살아남지 못할 거예요.

대기권은 지구를 둘러싼 여러 가지 기체들이 켜켜이 쌓인 대기 전체를 가리켜요. 대기권의 윗부분인 열권과 외기권은 약 90킬로미터 높이에서 우주와 이어져요. 지표면에서 가까운 대기권의 아랫부분에서는 어떤 일이 일어날까요?

중간권

우주 암석인 **유성**이 지구를 향해 떨어져도 중간권을 통과하는 동안 아주 작게 부서져요. 몇 개의 조각만이 지표면에 도착하는데, 이를 **운석**이라고 불러요.

태양은 생물이 피해를 입거나 심지어 죽을 수도 있을 만큼 많은 양의 자외선을 내뿜어요.

태양광

50km

오존층
성층권 안에는 오존층이 있어요.
태양이 내뿜는 해로운 전자기파는 지표면에 닿기 전에 오존층에서 대부분 흡수돼요.

성층권

12km

대류권

우리가 살기 위해 날마다 숨을 쉬는 공기를 포함하는 공기층이에요. 대류권의 공기의 상태에 따라 날씨가 생겨요.

대류권의 공기는 지구로부터 발생하는 열을 가둬요. 그래서 태양이 진 밤에도 너무 추워지지 않아요.

9 지구 최초의 깃털은…

나는 데 쓰이지 않았어요.

깃털이 난 가장 오래된 동물은 새가 아니라 공룡이에요.
공룡은 비록 날지 못했지만, 깃털로 많은 것을 할 수 있었어요.

체온 유지:
긴 실낱같은 깃털들이 몸에 난 공룡은 깃털 덕분에 피부 가까이 온기를 붙잡아 둘 수 있었어요.

위장하기:
주변 환경과 비슷한 무늬를 띤 깃털은 공룡이 포식자로부터 몸을 숨기거나 먹잇감을 사냥하는 데 도움이 됐어요.

뽐내기:
어떤 종은 밝고 선명한 깃털이 발달했어요. 화려한 깃털을 이용해 짝짓기 상대를 찾거나 경쟁자를 위협했지요.

돌아다니기:
날 수 있는 것은 아니었지만 몇몇 공룡은 깃털이 난 날개를 나무 위에서 미끄러지듯 내려오는 데 쓰곤 했어요.

도망가기:
깃털은 공룡 몸의 실제 모양을 감춰 주었어요. 포식자를 헷갈리게 하고, 입안 가득 깃털만 남겨두고 도망칠 틈을 얻을 수 있었지요.

10 독이 몸 안에 들어온다면…

아무것도 하지 않아야 나아요.

동물에게 물리거나 쏘이면 독이 우리 몸에 들어와요. 독은 혈관을 통해 빠르게 퍼져나가 몸속 기관이 제대로 작동하지 못하게 해요. 독 때문에 병에 걸리고 죽음에 이르기도 하지요.

공통 증상:

- 고열
- 어지러움
- 힘 빠짐
- 빠른 심장 박동

치료 방법:
병원에서 독을 중화할 수 있는 **해독제**를 처방받아요.

만약 병원에 갈 수 없는 상황일 때, 생존율을 높일 방법이 몇 가지 있답니다!

상처 주변에서 몸통에 가까운 쪽을 꽉 묶는다.
피가 흐르는 속도를 늦춰서 독이 퍼지는 것을 막아요.

상처 부위를 낮춘다.
심장보다 아래쪽에 있도록 상처 부위를 낮추어 독이 퍼지는 것을 막을 수 있어요.

아무것도 하지 않는다.
놀라서 마구 움직이면 혈액 순환이 빨라져 독이 더 빠르게 몸 전체로 퍼지거든요.

시드니깔때기그물거미가 독을 쏘면 15분 안에 사람이 죽을 수도 있어요.

실제 크기

11 달은 빛나지 않아요…

태양으로부터 받은 빛을 반사할 뿐이에요.

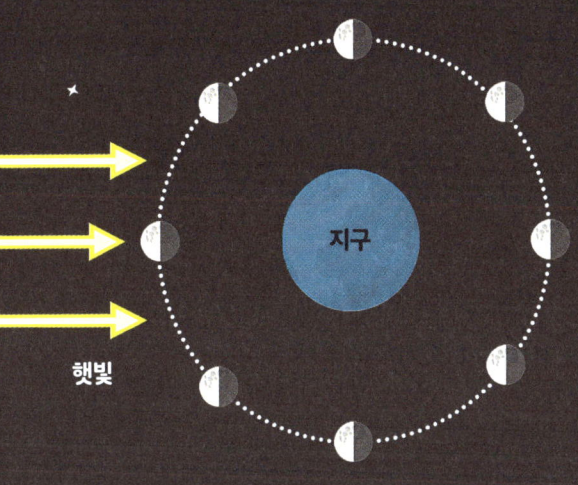

달이 지구 둘레를 공전하는 동안, 태양과 마주하는 달의 반쪽만 빛나요. 달의 공전 주기는 약 27일이에요.

햇빛 / 지구 / 보름달

지구에서 보이는 달은 날짜에 따라 모양이 달라요. 달이 지구 주위를 도는 동안 지구 표면에 서 있는 우리에게 보이는 빛나는 반쪽의 범위가 다르기 때문이에요.

태양이 달 뒤에 위치하면 지구에서는 어두운 달의 반쪽만 볼 수 있어요. 이때 뜬 달을 **삭월**이라고 한답니다.

지구에서 보는 달의 모양 (북반구에서 볼 때)

하현달 / 기울어 가는 달 / 보름달(망월) / 차오르는 달 / 상현달 / 초승달 / 삭월 / 그믐달

보름달일 때, 우리는 달의 반쪽이 동그랗게 빛나는 광경을 볼 수 있어요. 하지만 이때에도 달은 겨우 햇빛의 **12퍼센트**만을 반사할 뿐이에요. 달의 표면이 울퉁불퉁하기 때문이죠.

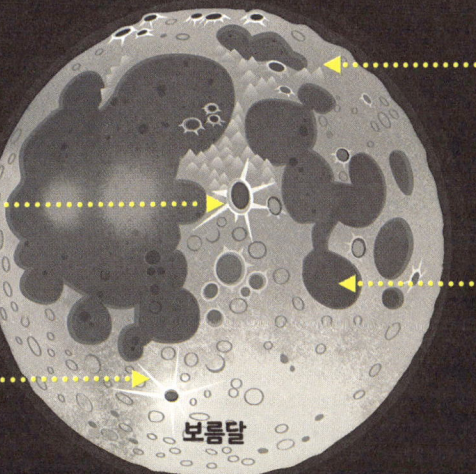

크레이터
암석들이 달 표면에 충돌하여 생긴 구덩이

달의 고원
밝은 색으로 보이는 높은 지대

달의 바다
화산 활동으로 만들어진 암석 때문에 어둡고 평평한 지대

암석이 부서져 생긴 부스러기들이 덮인 건조한 달 표면

보름달

12 사람의 위 속 산성 물질은…

식초보다 10배나 강한 산이에요.

물질이 물에 녹으면 **산성**이나 **염기성, 중성**을 띠어요. '수소의 세기'를 나타내는 값인 피에이치(pH)를 기준으로 측정할 수 있어요. 아주 강한 염기성인 pH14부터 강한 산성인 pH0까지 있지요. 우리 주변에서 볼 수 있는 물질의 pH 값을 아래 그림에서 확인해 보세요.

중성인 pH7에서 숫자가 하나씩 작아질 때마다 **산성은 10배씩 증가해요.** 반대로 숫자가 하나씩 커질 때마다 **염기성이 10배씩 증가하지요.** 예를 들어 pH2는 pH3보다 10배 강한 산성이에요.

13 날렵한 유선형은…
공기와 물을 가를 수 있어요.

물총새의 부리는 매끄러우며,
끝으로 갈수록 뾰족한 쐐기 모양이에요.
이런 모양을 '유선형'이라고 부르지요.

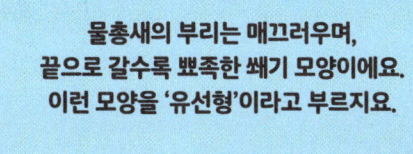

넓적한 부리는 표면적이 넓어요.
물고기를 잡으려고 물에 들어갈 때
큰 에너지가 필요해요.
그만큼 물보라도 크게 일으키지요.

유선형 부리는 표면적이 좁아요.
빠른 속도로 물에 들어가더라도
저항을 많이 받지 않아요.
그만큼 에너지도 적게 쓰지요.

1997년 일본의 엔지니어들은 물총새의 부리에서
아이디어를 얻어 고속 열차 '신칸센'을 개발했어요.

유선형 열차는 앞부분이 평평한 열차보다
부드럽게 공기를 가르며 나아갈 수 있어요.
그래서 에너지와 연료를 적게 쓰고, 소음도 적게 일으켜요.

공기의 흐름

속도가 빠른 열차는 터널로 진입하면서
그 안의 공기를 밀어내요. 터널 밖으로 밀려난 공기는
급격히 팽창하여 폭발하는 듯이 아주 큰 소리를 내지요.

앞부분이 유선형인 열차는 공기 저항을
훨씬 덜 받아요. 그래서 터널에 진입할 때도
소음이 아주 적게 나요.

14 망원경은...
지나간 과거를 되돌아보아요.

망원경은 항성이나 은하와 같이 멀리 떨어진 천체가 보내오는 빛을 탐지해요.

빛이 아주 먼 거리를 여행하려면 오랜 시간이 걸려요. 그래서 우리가 실제로 보는 것은 아주 오래전 과거의 모습이지요. 빛이 천체로부터 우리를 향해 여행을 시작했을 때의 모습을 보는 거예요.

큰개자리 왜소은하
(우리 은하에서 가장 가까운 은하)
2만 5,000년 전

대마젤란은하
(가장 밝은 은하)
16만 3,000년 전

데네브
(청색 초거성*)
최소 1,550년 전

북극성
(북극 위에 있는 별)
430년 전

오늘 보이는 별들 중 일부는 이미 타서 사라져 버렸을 수도 있어요. 하지만 오랜 세월이 지나서야 별이 사라졌다는 사실을 알 수 있을 거예요.

시리우스
(보이는 별 중 가장 밝은 별)
8.6년 전

프록시마 켄타우리
(태양 다음으로 지구와 가까운 항성)
4.3년 전

명왕성
(지구와 가장 가까운 위치에 있을 때)
4시간 전

목성
(지구와 가장 가까운 위치에 있을 때)
33분 전

*초거성: 태양보다 수백 배 큰 항성

15 불꽃놀이는…
말소리보다 1,000,000,000배나 더 시끄러워요!

소리의 크기는 '데시벨(dB)'로 측정해요. 10dB이 오를 때마다 10배씩 시끄러워져요. 30dB은 20dB보다 10배, 10dB보다 100배 시끄러워요.

- 0dB 가능한 가장 작은 소리
- 10dB 숨소리
- 20dB 바스락거리는 낙엽
- 30dB 속삭임
- 40dB 지저귀는 새
- 50dB 냉장고
- 60dB 말소리
- 70dB TV
- 80dB 트럭
- 90dB 드라이기
- 100dB 드럼
- 110dB 트롬본
- 120dB 경찰차 사이렌
- 130dB 전기 드릴
- 140dB 군용제트기
- 150dB 불꽃놀이

바스락거리는 낙엽 소리 20dB

TV 70dB

트롬본 110dB

군용 제트기 140dB

말소리 60dB

트럭 80dB

불꽃놀이 150dB

16 칼 린네는…
생물을 설명하는 방법을 만들었어요.

18세기 스웨덴의 식물학자이자 동물학자인 칼 린네는 식물과 동물에 푹 빠졌어요. 그래서 린네는 생물의 종을 분류하여 이름을 붙이는 '학명'의 체계를 만들었어요. 린네가 고안한 '생물의 이름 짓는 법'은 지금까지 계속 쓰이고 있지요.

1707년
칼 린네가 스웨덴의 스몰란드에서 태어났어요.

1717년
소년 칼은 종종 학교를 빠지고 채집에 나서곤 했어요.

1732년
라플란드를 탐험하다 새로운 식물을 발견했어요. 자기 이름을 따서 '린네아 보레알리스'라고 이름 지었어요. 린네는 평생 동안 수많은 탐험을 통해 수백 종의 생물을 발견하고 이름을 붙여 주었어요.

칼 린네가 자신을 분류한 방법을 볼까요? (다른 사람도 똑같이 분류돼요.)

계: 동물계(*Animalis*)
강: 포유강(*Mammalia*)
목: 영장목(*Primate*)
속: 사람속(*Homo*)
종: 사람종(*sapiens*)

줄여서 '사람속 사람종', 호모 사피엔스예요.

1735년
생물을 논리적으로 분류하는 방법을 『자연의 체계』라는 책으로 펴냈어요. 생물의 이름을 라틴어 단어 2개만으로 짓는 새로운 방법도 제안했지요.

1758년
『자연의 체계』 10번째 개정판에서 처음으로 고래를 포유강으로 분류했고, 유인원을 사람과 같은 분류로 묶었어요.

1760년대
제자들을 전 세계로 보내 새로운 식물과 동물 종을 찾아 기록했어요.

1778년 사망
노년에 이르렀을 때, 스웨덴 왕으로부터 귀족 칭호를 받았어요.

17 유인원과 원숭이는…

사람과 아주 가까운 친척이에요.

사람과 유인원, 원숭이는 모두 **포유강** 동물이고, 그다음 분류로는 **영장목**에 속하지요.

꼬리감는원숭이
케부스 카푸키누스

짖는원숭이
알로우타 구아리바

거미원숭이
아텔레스 푸시키켑스

긴코원숭이
나살리스 라르바투스

마카크
마카카 실바누스

다람쥐원숭이
사이미리 스키우레우스

침팬지
판 트로글로뒤테스

영장목 동물이라면 무슨 종이든 다른 포유강 동물과 구분되는 뚜렷한 특징이 있어요.

☐ 좋은 시력
☐ 약한 후각
☐ 커다란 뇌
☐ 나무에 잘 오를 수 있게끔 진화한 신체

사람, 고릴라, 침팬지, 오랑우탄은 모두 **대형 유인원**이에요. 이들은 모두 원숭이보다 크고 똑똑하지요.

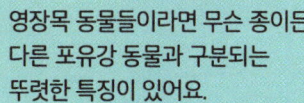

오랑우탄
퐁고 아벨리이

맨드릴
만드릴루스 스핑스

사람과 **고릴라**는 서로 가까운 종이어서 같은 병에 걸릴 수도 있어요.

동물원에서 수의사는 아기가 맞는 예방 주사를 새끼 고릴라에게도 놓아 줘요.

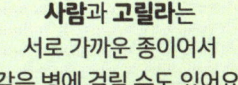

고릴라
고릴라 고릴라

사람
호모 사피엔스

18 자동차는…

코코넛으로 달릴 수 있어요.

대부분의 자동차는 휘발유 또는 가솔린이라고 부르는 화석 연료를 태워서 얻은 동력으로 움직여요. 하지만 과학자들은 새로운 에너지원을 찾고 있어요.

전 세계 자동차들은 매일 휘발유 수억 리터를 태워요.

주의
환경 문제 발생!

휘발유를 태우면 **공기를 오염**시키고, 기후 변화를 일으키는 **유해 가스**가 발생해요.

휘발유는 땅속에서 뽑아낸 원유에서 추출해요. 그런데 원유가 결국에는 바닥날 거라고 해요.

휘발유의 대안

바이오디젤은 여러 가지 식물성 기름에서 얻을 수 있어요.

태평양의 몇몇 섬에서는 **코코넛에서 얻은 기름**을 자동차 연료로 사용해요.

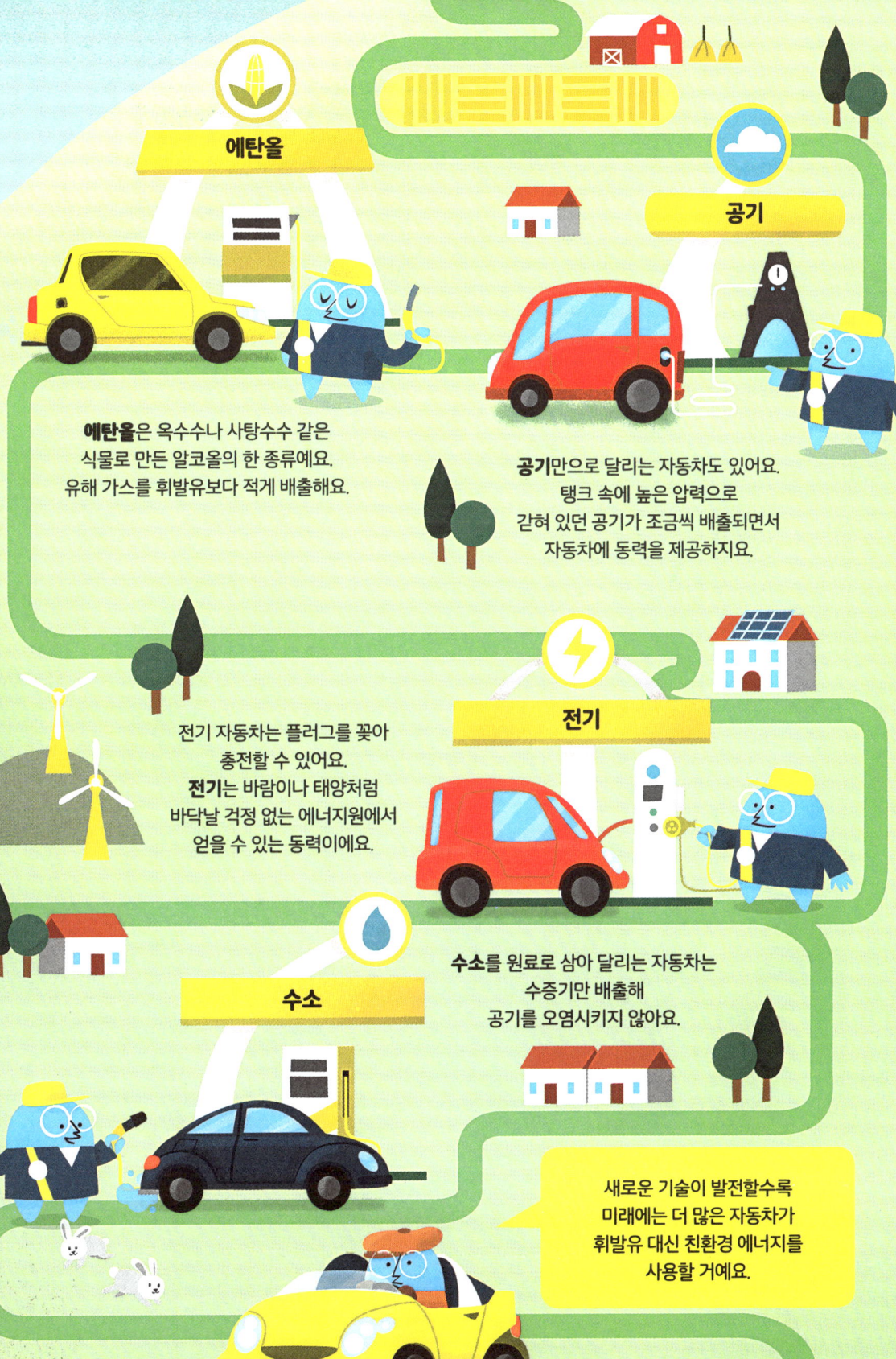

19 지표면은…

대부분이 물이에요.

지구 겉면의 **71퍼센트**는 물로 덮여 있어요. 단단한 땅은 **29퍼센트**만을 차지하지요.

아래 그림은 여러 지형들이 지표면을 얼마만큼씩 덮고 있는지를 대략적으로 보여 줘요.

○ 물 ○ 농지 ○ 숲 ○ 산악 지대와 사막 ○ 빙하 지대 ○ 도시 ○ 기타

50년 후의 지구는 어떤 모습일까요?

지구의 인구는 매년 **8,000만 명**씩 증가하고 있어요. 인구가 증가하는 것은 더 많은 도시와 농지가 필요해진다는 뜻이에요. 또한 사람들의 활동이 늘어나면 지구의 기온도 올라서, 빙하가 녹고 해수면이 높아지게 돼요. 결국 미래에 **바다는 더 넓어지고, 땅은 더 좁아질 거예요.**

20 지구의 나방 중 3분의 2는…

아직 과학적으로 알려지지 않았어요.

나방은 남극을 제외한 모든 대륙에서 살고 있어요. 과학자들은 나방이 전 세계에 약 **400,000종** 존재한다고 예상하지만 지금까지 약 **160,000종**만을 분류했어요. 수많은 나방 중에서 몇 종류의 나방들을 만나 보세요.

아타쿠스 아틀라스
가장 큰 나방으로, 날개 길이가 25센티미터에 이르고 날개 끝은 뱀의 머리를 닮았어요.

크립토세스 콜로이피
나무늘보나방은 나무늘보의 털에서만 살 수 있어요. 또 나무늘보의 똥에 알을 낳아요.

우로퓌이아 메티쿨로디나
나방들은 변장의 귀재예요. 그중에서도 기생재주나방은 **마른 갈색 나뭇잎**으로 위장하지요.

아콘티아 아프리카
새똥과 같은 모습으로 진화해서 포식자의 식욕을 떨어뜨려요.

아케론티아 아트로포스
해골나방은 모습과 냄새가 꿀벌과 닮았어요. 벌집에 살금살금 들어가 꿀을 훔쳐 먹어요.

악티아스 루나
산누에나방은 입이 없어서 어른벌레가 되면 먹거나 마시지 않아요.

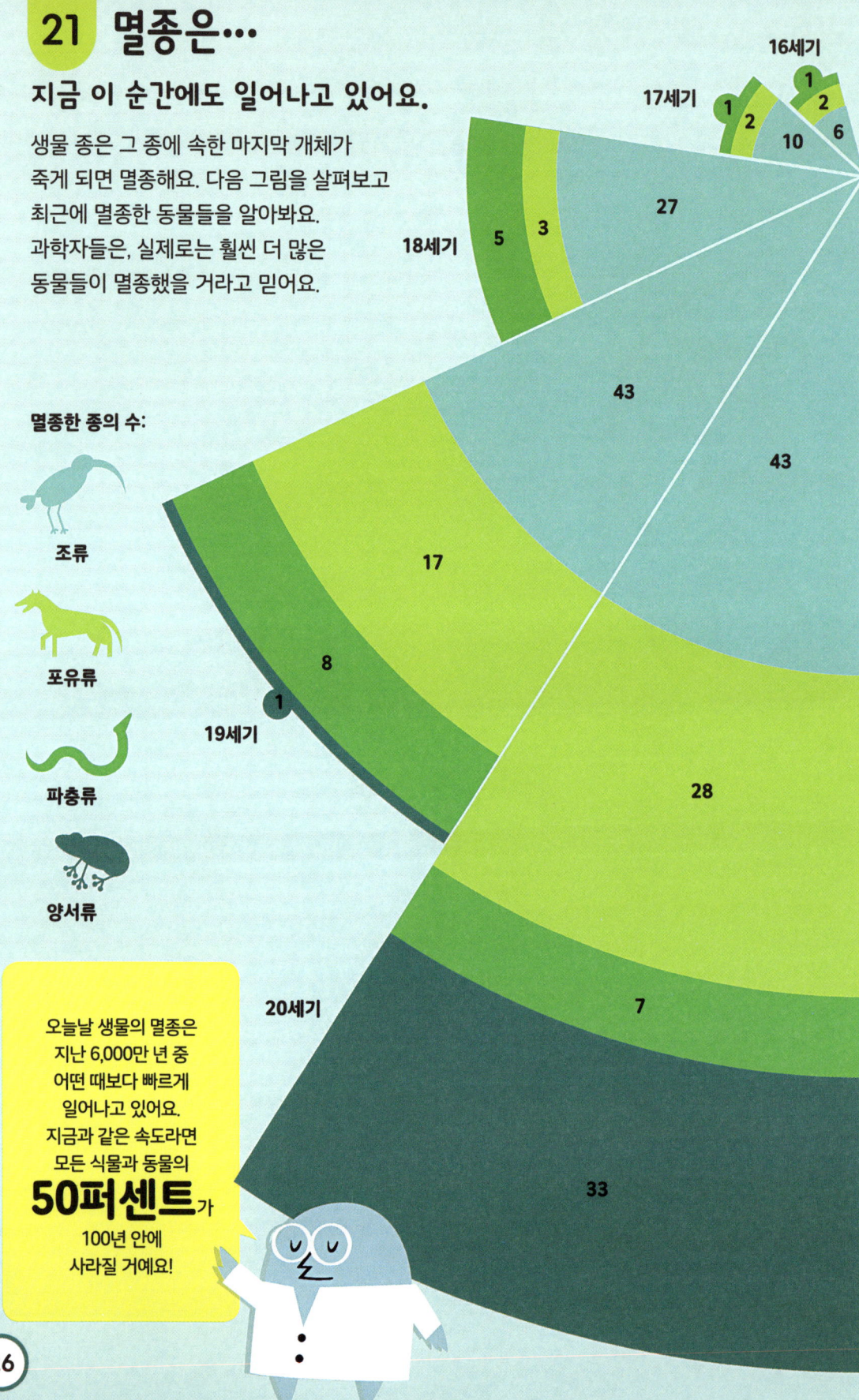

멸종은 왜 일어날까요?

멸종은 몇 가지 원인이 겹쳐서 일어나곤 해요. 아래 그림은 멸종의 대표적인 원인을 보여 줘요.

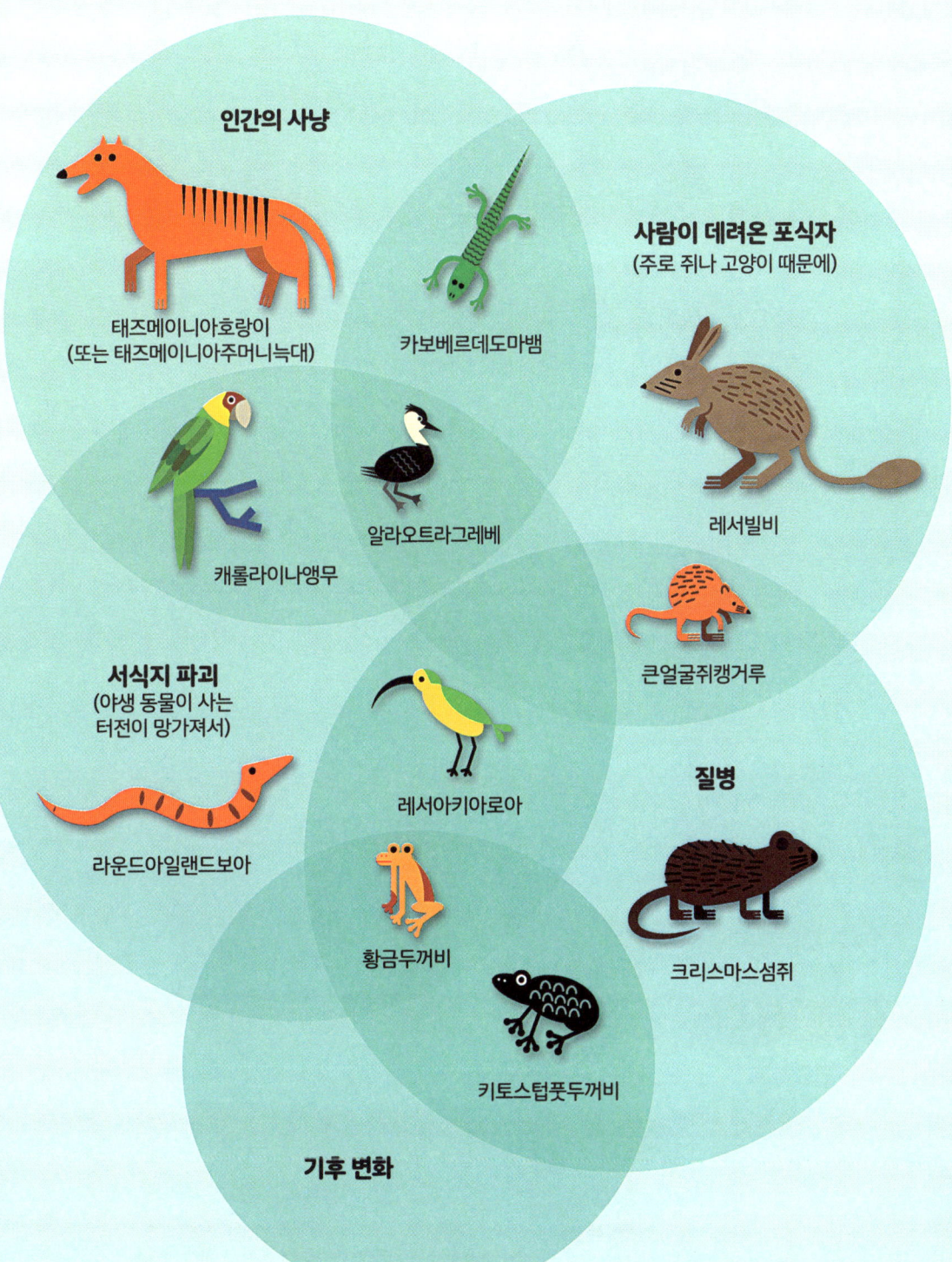

22 지구는…

사실 완전히 단단하지 않아요.

우리가 살아가는 단단한 지표면 아래 아주 깊은 곳에는 지구를 이루는 여러 층이 겹겹이 있어요. 그중에는 뜨겁게 녹은 암석이나 액체 상태의 금속으로 이루어진 부드러운 층도 있지요.

대륙 지각
땅을 이루어요.

지각
단단한 암석으로 이루어진 얇은 층이에요.
대륙 지각과 해양 지각으로 이뤄져요.

해양 지각
바다의 바닥을 이뤄요.

지각과 상부 맨틀은 아주 천천히 움직이는 암석 층 위에 있어요.

맨틀
대부분 단단한 암석이고,
작은 암석 조각이나
용융된 암석 등이 섞여 있어요.

아주 뜨거운 핵 근처의 암석은 데워져서 바깥쪽으로 올라가요.

지표면에 가까워져 식은 암석은 다시 안쪽으로 가라앉아요.

지구 가장 깊은 곳,
내핵의 온도는
6,000도에
이르지요.
아주 높은 압력 때문에
내핵이 녹지 않고
구 형태로 유지돼요.

외핵
흐르는 액체 상태의
금속 층이에요.

지구의 중심은 지표면 아래
6,360킬로미터
깊이에 있어요.

내핵
단단한 금속으로 이루어진
구 형태를 띠어요.

23 지진 해일(쓰나미)은…

때로 초고층 빌딩만큼 크게 일어나요.

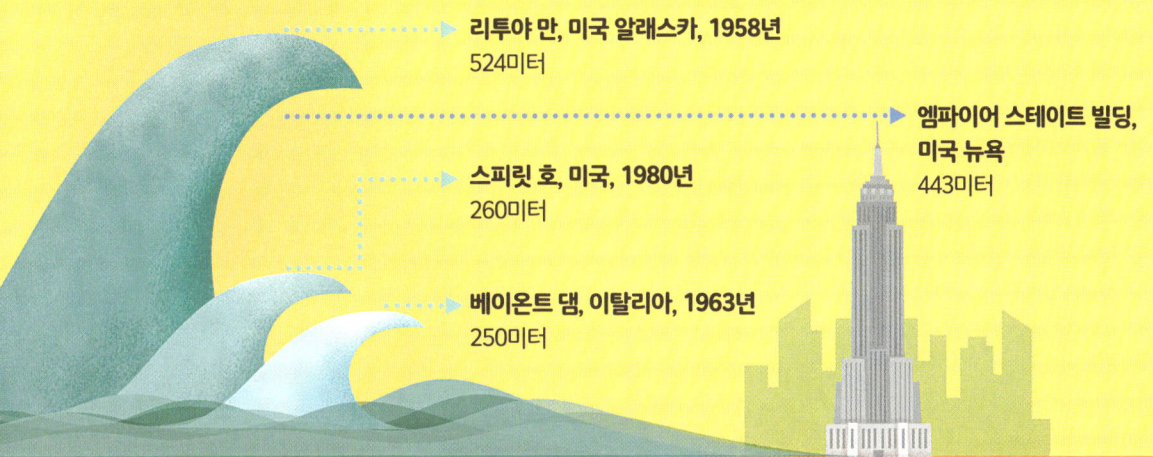

- 리투야 만, 미국 알래스카, 1958년 — 524미터
- 엠파이어 스테이트 빌딩, 미국 뉴욕 — 443미터
- 스피릿 호, 미국, 1980년 — 260미터
- 베이온트 댐, 이탈리아, 1963년 — 250미터

지진 해일은 지진이나 화산 폭발로 인해 깊은 바다 아래에서 발생하는 강력한 파도예요.

1. 지진으로 발생한 힘이 바닷물을 들어올려요.

지진 발생

2. 파도가 약 시속 700킬로미터의 속도로 양쪽으로 퍼져나가요.

먼바다에서는 지진 해일의 높이가 낮은 편이에요.

3. 지진 해일이 해변 가까이 오면 속도는 느려지고 파고*가 높아져요.

*파고: 파도의 높이

지진 해일이 해변에 도달하기 5분 전, 바닷물이 갑자기 1킬로미터 이상 쑥 빠져나가는 현상을 관찰할 수 있어요. 지진 해일 경보는 이처럼 평소와 다른 바닷물의 움직임을 탐지해 해변 사람들이 대피할 수 있도록 알려 주지요.

24 마리 퀴리는…

자신의 발견 때문에 죽고 말았어요.

폴란드 출신의 프랑스 과학자인 마리 퀴리는 새로운 방사성 원소를 연구해 물리학과 화학에서 중요한 업적을 남겼어요.

1867년
마리 퀴리가 폴란드 바르샤바에서 태어났어요.

1898년
마리 퀴리는 남편 피에르 퀴리와 함께 새로운 원소인 **라듐**과 **폴로늄**을 발견했어요.

1903년과 1911년
여성 최초로 노벨상을 수상했어요. 무려 물리학과 화학 분야에 걸쳐 두 번 수상했지요.

방사선의 위험성을 잘 알지 못한 채, 마리 퀴리는 방사성 물질을 주머니에 넣어 다니곤 했어요.

1914~1918년
제1차 세계 대전을 치르는 동안, 엑스선 장치를 실은 구급차를 마련해 전쟁터에서 의사들을 도왔어요.

1934년
라듐과 우라늄과 같은 물질에 몇 년씩 노출된 퀴리는 결국 방사선 중독에 의한 백혈병으로 사망했어요.

지금도 마리 퀴리가 보던 책과 논문에서는 보호 장비 없이 만질 수 없을 정도의 방사선이 검출되고 있어요.

25 인은…

불에 잘 타고 독성이 있지만, 우리 생활에 꼭 필요해요.

인은 원소 그 자체로는 매우 위험해요. 하지만 인은 다른 원소와 결합했을 때 세포의 생존에 꼭 필요한 안전하고 유용한 물질로 변신해요.

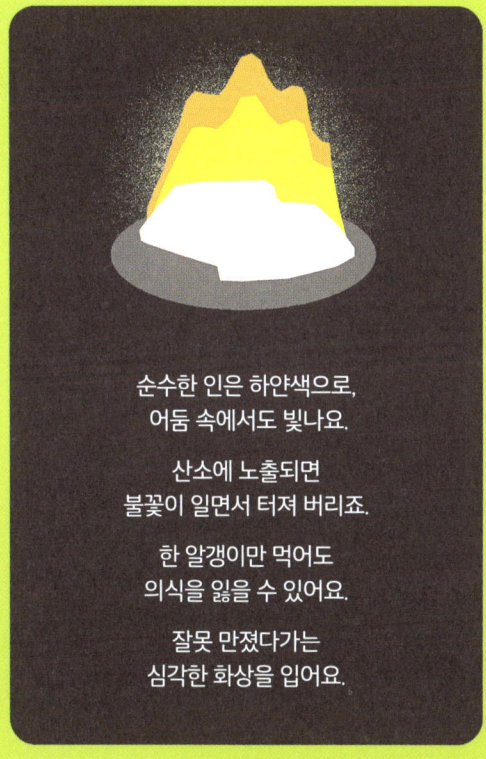

순수한 인은 하얀색으로, 어둠 속에서도 빛나요.

산소에 노출되면 불꽃이 일면서 터져 버리죠.

한 알갱이만 먹어도 의식을 잃을 수 있어요.

잘못 만졌다가는 심각한 화상을 입어요.

인은 사람의 몸을 구성하는 원소 중 6번째로 흔한 원소예요.

고기나 곡물을 통해 매일 섭취하지요.

뼈나 치아가 적절하게 자라도록 도와줘요.

작물을 가꾸는 비료나 성냥, 세제 등에 쓰여요.

1669년 독일의 연금술사 **헤니히 브란트**가 인을 발견했어요. 오줌을 금으로 바꾸려는 실험을 하다가 우연히 찾아낸 거죠.

우선 오줌을 잔뜩 모아서 끈끈해질 때까지 끓였어요.

끈끈해진 오줌에 열을 가해 생겨나는 증기를 모았어요.

이 증기를 차갑게 식혀 밀랍같이 반짝이는 물질을 얻었어요. 바로 **인**이었지요!

항성은 타오르고 변신해요…

수십억 년 내내 팽창 동안 말이에요.

1단계: 탄생

항성은 기체와 우주 먼지로 이루어진 거대한 구름인 **성운**으로부터 시작해요. 수백만 년 동안 성운을 이루는 입자들은 서서히 뭉쳐져요.

2단계: 불타는 구

성운은 입자들이 뭉쳐지는 동안 점점 모양이 둥글어지고 타오르기 시작해요. 이를 **주계열성**이라고 불러요. 뭉쳐진 구가 클수록 더 밝게 타오른답니다.

3단계: 냉각기

마지막으로 항성은 차가워져요. 수십억 년 동안 크기가 팽창하고 어두운 붉은색으로 빛나죠. 이를 **적색거성**이라고 불러요.

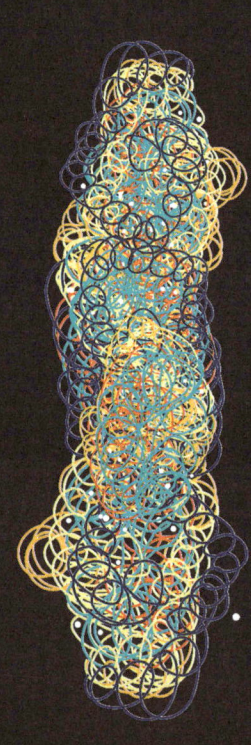

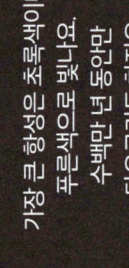

가장 큰 항성은 초록색이나 푸른색으로 빛나요. 수백만 년 동안만 타오르기도 하지요.

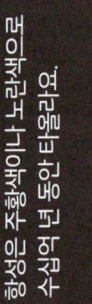

중간 크기의 항성은 주황색이나 노란색으로 빛나며 수십억 년 동안 타올라요.

태양은 중간 크기의 주계열성이에요.

이렇게 아주 많이 팽창한 **커다란 항성**은 **적색 초거성**이에요.

4단계: 잔여물

적색거성이 서서히 소멸하면서 헝백색으로 빛나는 작은 행성 크기의 **백색왜성**이 형성돼요.

아직까지 흑색왜성은 발견된 적이 없어요. 흑색왜성이 실제로 존재하지 않을 수도 있어요.

천문학자들은 백색왜성이 완전히 식어서 결국 **흑색왜성**이 될 거라 생각해요.

갑작스러운 소멸!

때로는 거대한 별이 타오르고 오래지 않아 폭발하기도 해요. 이때 놀라운 정도로 밝은 빛을 발산하는데, 이것을 **초신성**이라고 해요. 초신성은 두 가지 **잔여물**을 남겨요.

1 매우 뜨겁고 무거운 **중성자별**

초신성은 겨우 몇 년간만 타올라요.

2 빛이 빠져나갈 수 없을 정도로 밀도가 빽빽하고 강력한 힘을 가진 **블랙홀**

초신성 때문에 발생한 먼지와 기체는 천천히 모여서 **새로운 성운**을 만들어요.

27 과학자들은 외계 생명체를…

골디락스 영역에서 찾아요.

천문학자들은 생명체가 존재할 가능성이 높은 행성이 있는 지역을 **골디락스 영역**이라고 불러요. 항성에서 너무 가깝거나 멀지 않은 곳에 위치해 있죠.

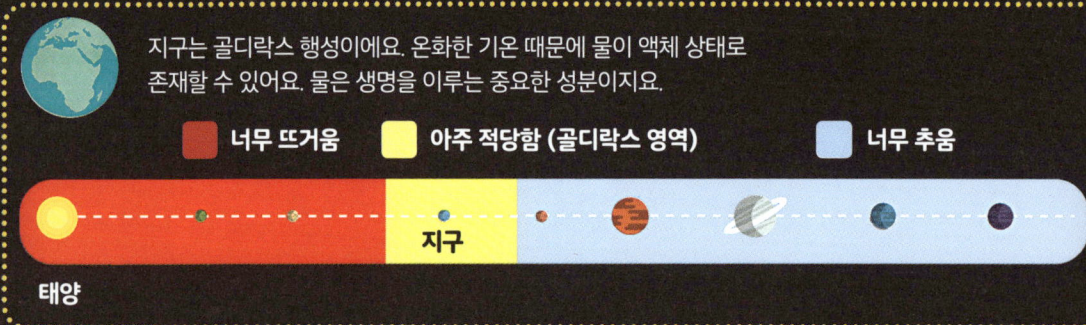

지구는 골디락스 행성이에요. 온화한 기온 때문에 물이 액체 상태로 존재할 수 있어요. 물은 생명을 이루는 중요한 성분이지요.

■ 너무 뜨거움   ■ 아주 적당함 (골디락스 영역)   ■ 너무 추움

태양 / 지구

우리 은하에는 수십억 개의 항성이 있어요. 각각의 항성은 골디락스 영역을 가져요. 항성이 차가울수록, 골디락스 영역은 항성에 더 가깝게 있을 거예요.

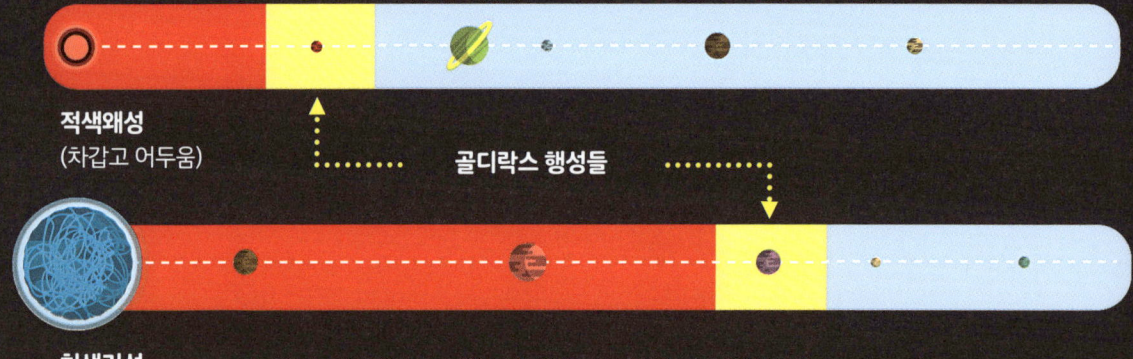

적색왜성 (차갑고 어두움)

골디락스 행성들

청색거성 (뜨겁고 밝음)

골디락스 행성들이 바로 외계 생명체를 찾기에 알맞은 행성이에요.

골디락스 행성 상상도

천문학자들은 현재까지 약 **40개**의 골디락스 행성을 찾았어요. 하지만 우리 은하에만 **400억 개** 정도 더 있을 것으로 추측하고 있지요.

온화한 기온

액체 상태의 바다

숲

28 아주 작은 수중 생물이…

날씨를 바꿀 수 있어요.

식물 플랑크톤은 바다나 호수 표면 아래에 떠다니는 아주 작은 생물이에요.
비록 크기는 아주 작지만 날씨에 커다란 영향을 줄 수 있어요.

식물 플랑크톤이 살아가려면 **햇빛**이 필요해요.
하지만 빛이 너무 강렬하면 제대로 살아남기가
어렵지요. 그래서 식물 플랑크톤은 스스로
그늘을 만드는 방법을 개발했어요.

1
식물 플랑크톤은
강렬한 햇빛을 받으면
화학 물질을 만들어요.

2
화학 물질은 분해되면
공기 중으로 **증발**해
먼지와 같은 입자가 돼요.

3
공기 중의 습기가
이 먼지 입자
주변으로 **모여들어**
구름을 형성해요.

4
이렇게 만들어진 구름이
물속 식물 플랑크톤에게
시원한 그늘을
만들어 줘요.

29 세계에서 가장 큰 생물은…

버섯이에요.

세계에서 가장 큰 생물은 바로 **꿀버섯(아르밀라리아 솔리디페스)**이에요.
나무껍질과 뿌리를 먹고 살아요.

버섯은 섬세하고 뿌리 같은 실 모양의 균사로 이루어져요.
균사는 나무껍질 속이나 숲 바닥에서 자라지요.
균사는 수천 년에 걸쳐 거대한 조직을 이루는데,
이를 **군체**라고 불러요.

미국 오리건 주에 **거대한 버섯 군체**가 있는데,
그 면적이 9제곱킬로미터(㎢)를 차지할 만큼 커요.
올림픽 경기용 수영장 7,200개를 합한 넓이와 같아요.

가장 큰 동물들
(실제 비율)

가장 큰 동물:
흰긴수염고래(대왕고래)
발라이놉테라 무스쿨루스
길이 최대 33미터

가장 큰 파충류:
바다악어
크로코딜루스 포로수스
길이 5미터

가장 큰 육지 동물:
아프리카코끼리
록소돈타 아프리카나
키 3.3미터

30 세계에서 가장 작은 생물은…

현미경으로도 볼 수 없어요.

가장 작은 생물은 '**고세균성 리치몬드 광산 호산성 극소 유기체**' 혹은 줄여서 **아르만(ARMAN)**이라고 불리는 미생물이에요. 오래된 구리 광산에서 솟은 뜨겁고 강한 산성의 물에서 발견됐어요.

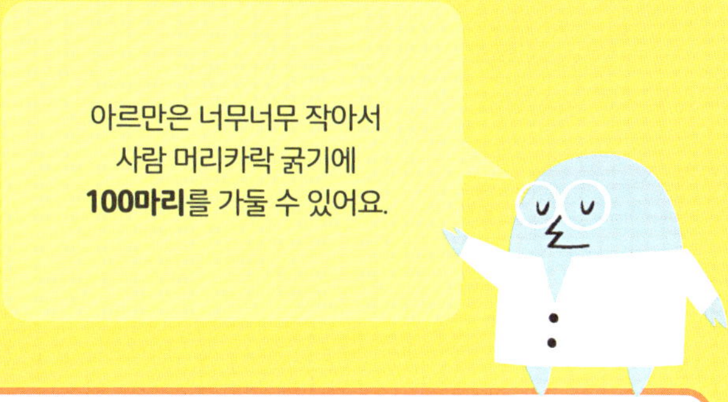

아르만은 너무너무 작아서 사람 머리카락 굵기에 **100마리**를 가둘 수 있어요.

가장 작은 동물들
(실제 크기)

가장 작은 영장목:
마다가스카르쥐여우원숭이
미크로케부스 베르타이
길이 210밀리미터

가장 작은 조류:
쿠바꿀벌벌새
멜리수가 헬레나이
길이 50밀리미터

가장 작은 어류:
인도네시아사이프리니드
파이도퀴프리스 프로게네티카
길이 9밀리미터

가장 작은 파충류:
마다가스카르카멜레온
브로오케시아 미크라
길이 25밀리미터

가장 작은 양서류:
파푸아뉴기니개구리
파이도프뤼네 아마우엔시스
길이 7밀리미터

31 땅 속의 석유는…
수백만 년 전 살았던 동식물로부터 왔어요.

*석유: 증류하지 않은 천연 그대로의 석유를 '원유'라고도 해요.

석유는 정유 공장으로 옮겨져요.
정유 공장은 석유를 가열해서 여러 성분으로 분리하는 **증류탑**이에요.
석유에서 분리해 낸 각각의 성분은 플라스틱이나 자동차 연료부터
페인트와 향수까지 다양한 제품을 만드는 데 쓰여요.

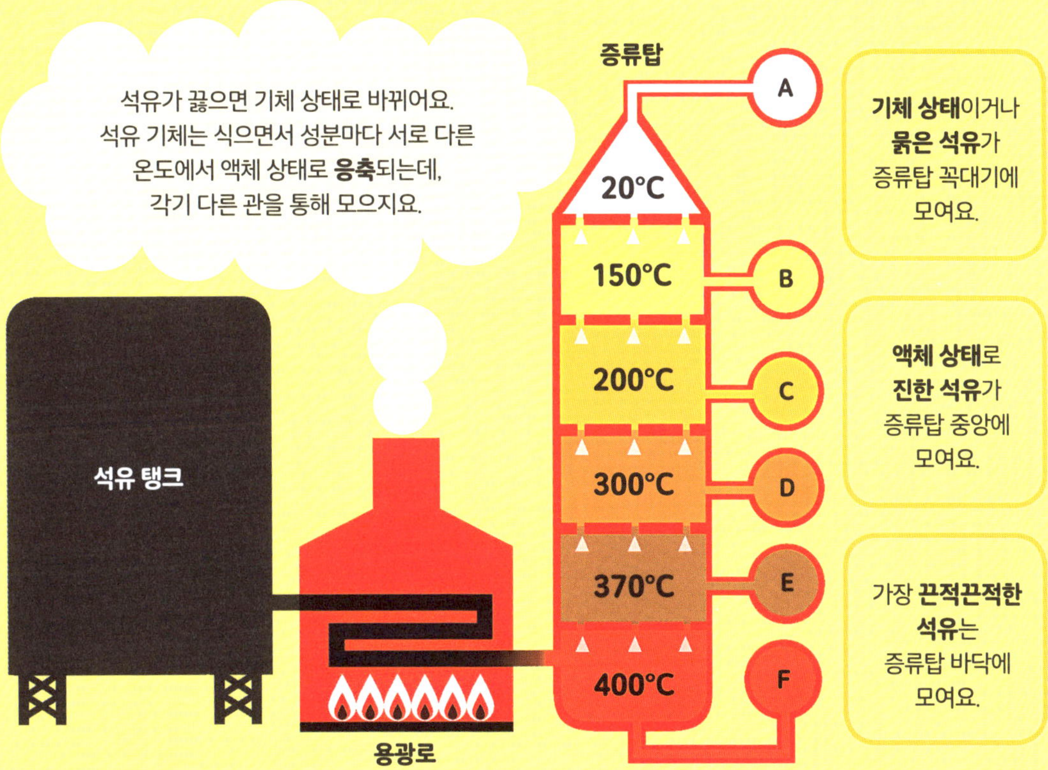

석유가 끓으면 기체 상태로 바뀌어요.
석유 기체는 식으면서 성분마다 서로 다른
온도에서 액체 상태로 **응축**되는데,
각기 다른 관을 통해 모으지요.

증류탑

- 20°C — A
- 150°C — B
- 200°C — C
- 300°C — D
- 370°C — E
- 400°C — F

석유 탱크

용광로

기체 상태이거나 **묽은 석유**가 증류탑 꼭대기에 모여요.

액체 상태로 **진한 석유**가 증류탑 중앙에 모여요.

가장 **끈적끈적한 석유**는 증류탑 바닥에 모여요.

A	요리에 쓰이는 **부탄가스**
B	자동차 연료인 **휘발유(가솔린)**
C	플라스틱이나 화학제품을 만드는 **나프타**
D	비행기나 난방용 연료인 **등유**
E	배나 발전소에서 쓰이는 **중유**
F	도로나 방수 지붕의 재료로 쓰이는 **아스팔트(역청)**

32 지구에는 두 개의 북극과…

두 개의 남극이 있어요.

지구에는 **지리상 극점**과 **자기상 극점**이 있어요.
하지만 두 극점은 같은 위치에 있지 않아요.

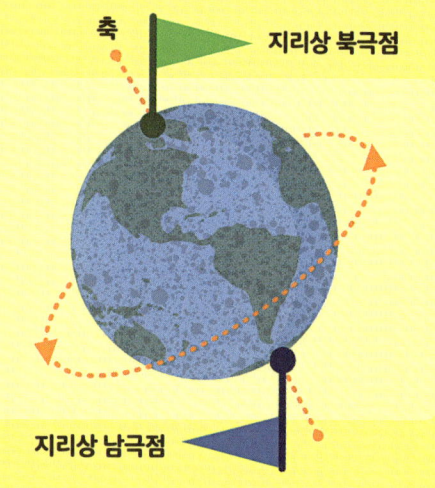

지리상 극점

지구는 보이지 않는 축을 기준으로 자전해요. 이 축이 통과하는 지표면의 지점을 가리켜 **지리상 극점**이라고 하지요.

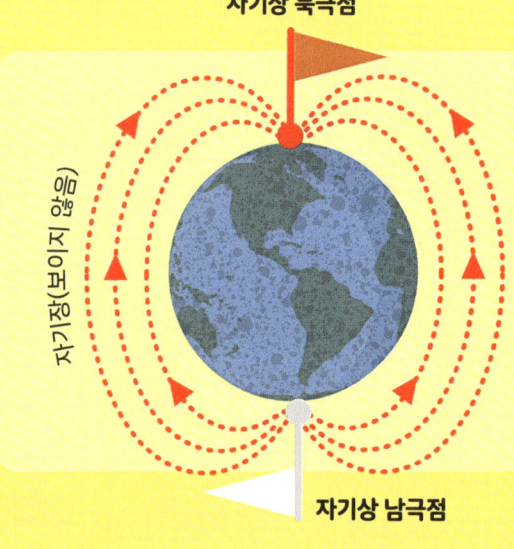

자기상 극점

지구 내부의 핵 주변에는 액체 상태의 금속 물질이 대류하는 영역이 있어요. 이 부분에서 보이지는 않지만 지구 전체를 둘러싸는 강력한 자기장을 형성하지요.

지구 자기장의 방향이 가리키는 곳에서 지구 핵 방향으로 선을 그어 보았을 때 이 선과 지표면이 만나는 지점을 **자기상 극점**이라고 불러요.

자성을 띤 나침반 바늘은 지구의 자기상 북극점을 가리켜요.

2015년 기준으로, 지리상 북극점과 자기상 북극점은 **대략 460킬로미터** 떨어져 있었어요. 하지만 이 거리는 날마다 변화하지요.

33 지구의 자기상 극점은…

끊임없이 움직여요.

자기상 극점은 위치가 고정되어 있지 않아요. 지구 핵의 상태가 변화하면서 자기장도 날마다 변화하기 때문이지요. 자기상 극점은 지표면 이곳저곳으로 이동해요.

이 지도는 **자기상 북극점**의 최근 움직임을 알려 줘요. 자기상 북극점은 현재 러시아를 향해 **1년에 약 55킬로미터**씩 이동하고 있어요.

때로는 지구 **자기장이 뒤집혀요.**
자기장이 (남쪽에서 북쪽으로 흐르는 지금과 달리) 북쪽에서 남쪽으로 흐르는 현상이 관찰된 적이 있지요. 과학자들도 그 원인을 완전히 이해하지 못해요.

바다 밑 암석층에서 자기장을 추적해 온 과학자들은 자기장 흐름이 뒤집히는 현상이 지난 **300만 년 동안 12번** 발생했다는 흔적을 발견해 냈어요.

34 다리를 받치는 기둥들은…

간격이 2킬로미터에 이를 수 있어요.

다리에는 밀고 당기는 아주 큰 힘들이 작용해요. 이 힘들이 균형을 잘 이루도록 다리를 설계하면 교각들의 간격을 최대로 벌릴 수 있어요.

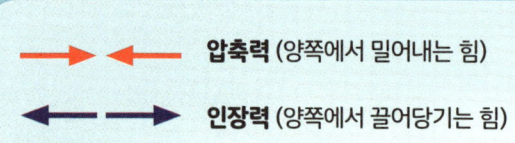
압축력 (양쪽에서 밀어내는 힘)
인장력 (양쪽에서 끌어당기는 힘)

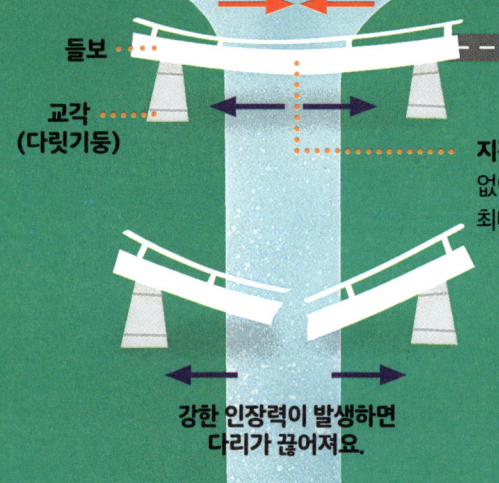

들보
교각 (다릿기둥)
지간 – 다리가 받침 없이 버틸 수 있는 최대 길이

강한 인장력이 발생하면 다리가 끊어져요.

단순교
가장 기본적인 형태의 다리예요. 수평으로 놓인 들보와 이를 양 끝에서 지탱하는 교각 또는 버팀기둥으로 이루어져요.

지간: 최대 76미터

교각을 추가하면, 들보에 작용하는 힘을 분산시켜 훨씬 강한 다리를 만들 수 있어요.

아치교
반원 모양의 구조물로 만들어진 다리예요. 아치가 다리 양끝까지 압축력을 퍼뜨리고 무게를 옮겨 줘서 들보를 지탱하게 해요.

지간: 최대 550미터

트러스교

삼각형이 이어진 모양의 트러스라는 구조물을 이용한 다리예요. 들보 위에 설치된 트러스는 다리에 미치는 압축력과 인장력의 힘을 넓은 영역으로 분산시켜 더 강한 다리를 세울 수 있게 해요.

지간: 최대 400미터

버팀기둥

쇠줄

사장교

쇠줄들이 버팀기둥과 들보 사이를 연결하는 다리예요. 쇠줄은 한 개 또는 두 개의 버팀기둥에 연결되어 들보의 무게를 분산시켜요.

지간: 최대 1,000미터

버팀기둥

쇠줄

현수교

버팀기둥에 걸친 쇠줄에 들보를 매단 다리예요. 쇠줄은 다리에 작용하는 거의 모든 힘을 양끝의 버팀기둥들로 보내서 힘이 분산돼요. 이 방식을 쓰면 다리 짓는 비용이 많이 들지만 지간이 먼 다리를 만들 수 있어요.

지간: 최대 1,991미터

43

35 번개는 태양 표면의 온도보다…

5배나 뜨거워요.

전기는 먹구름에서 발생하는 정전기의 한 종류예요.

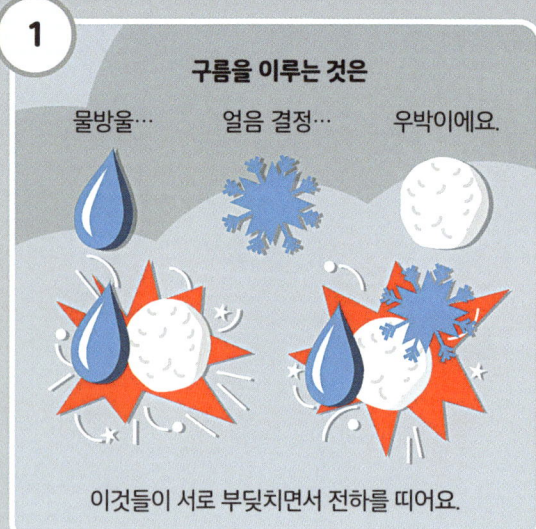

1 구름을 이루는 것은 물방울… 얼음 결정… 우박이에요.
이것들이 서로 부딪치면서 전하를 띠어요.

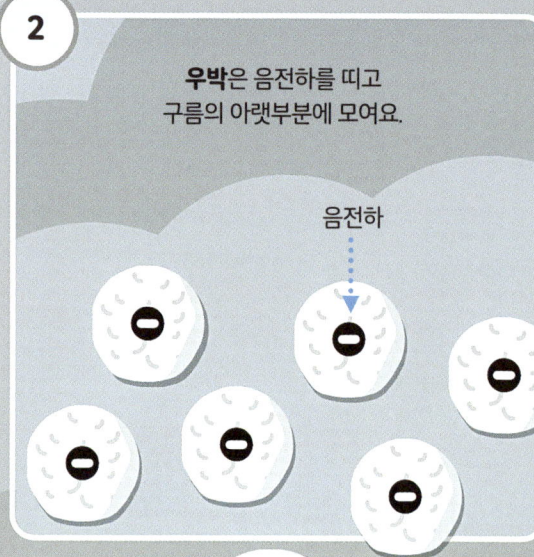

2 **우박**은 음전하를 띠고 구름의 아랫부분에 모여요.
음전하

3 먹구름 아랫부분의 음전하들은 땅의 양전하들과 서로 끌어당겨요.
양전하

4 양전하와 음전하가 만날 때, 엄청난 전기 흐름이 발생해요. 이때 **번개**가 치지요.

번개가 칠 때, 지표면으로 떨어지는 전기의 속도는 **시속 약 43만 4,500킬로미터**에 달해요. 이 순간에 번개의 온도는 **30,000도**까지 올라요.

나무가 번개를 맞으면, 나무에 든 수분이 순간적으로 끓어요. 그래서 번개 맞은 나무가 폭발하게 되는 거예요.

태양 표면의 온도는 5,500도에서 6,000도에 이르지요.

36 쇠똥구리는 은하수를 보고···

길을 찾아요.

쇠똥구리는 신선한 똥을 찾으면 조금 떼어 내 굴려서 동그랗게 만들어요. 언제 나타날지 모르는 포식자나 경쟁자로부터 쉽게 달아나기 위한 행동이에요.

낮에, 쇠똥구리는 태양의 위치를 이용해 똥을 굴리는 방향을 골라요.

밤에, 쇠똥구리는 은하수, **우리 은하** 중심부에 생기는 빛나는 띠를 보고 갈 길을 정해요.

37 우주의 대부분은···

보이지 않는 물질로 이루어져 있어요.

많은 과학자들은 우주가 다음의 세 가지 물질로 이루어졌다고 주장해요.

1 일반 물질
(전체 우주의 5퍼센트 미만)
항성과 행성, 사람의 몸을 구성하는 원소 등을 가리켜요.

2 암흑 물질
(전체 우주의 약 27퍼센트)
눈에 보이지 않으며, 팽창하는 우주에서 은하계를 붙잡고 있는 물질로 아주 가끔 관측돼요.

3 암흑 에너지는
어느 곳에나 있어요.

암흑 에너지에 대해 밝혀진 점은 딱 하나, 우주를 팽창시키는 힘이라는 사실이에요.

38 화산 폭발은...

지각이 녹으면서 일어나요.

화산 폭발은 뜨거운 열에 녹아서 액체 상태가 된 암석과 뜨거운 기체가 지각 아래로부터 땅 위로 빠져나오는 현상이에요.

차가운 암석으로 구성된 지각은 뜨거운 액체 상태의 암석층인 **맨틀**의 맨 윗부분에 놓여 있어요.

해양 지각   대륙 지각
맨틀

용암은 화산 폭발로 분출하는 액체 상태의 암석이에요. 용암의 온도는 **1,000도**에 이를 정도로 높아요.

바다

1
해양 지각과 대륙 지각이 서로를 밀어내면 푹 꺼진 해구가 생겨요. 이때 생긴 해구를 **섭입대**라고 해요.

화산은 분출된 용암이 식으면서 새로운 암석을 만들어 낼 때 만들어져요.

해양 지각

대륙 지각

맨틀

마그마굄

2
해양 지각은 섭입대에서 떠밀려 맨틀로 가라앉아요. 그리고 서서히 녹아 부글부글 끓는 액체 상태의 암석이 돼요. 이것을 **마그마**라 불러요.

3
마그마는 서서히 고여 거대한 지하 공간을 채우는데, 이것을 **마그마굄**이라고 해요. 마그마가 가득 차면 결국에는 **폭발**하여 땅 밖으로 흘러나와요.

39 인도네시아 화산 폭발이…

유럽에 흉년과 굶주림을 몰고 왔어요.

1815년 인류 역사상 가장 강력한 화산 폭발이 인도네시아 탐보라 산에서 일어났어요.
인근 지역에서 4년 사이에 네 번째로 일어난 대규모 폭발이었지요.

탐보라 산이 폭발한 뒤 며칠 동안,
인도네시아 전역에 불씨와 뜨거운 화산재가
내려 많은 사람들이 죽음을 맞이했어요.

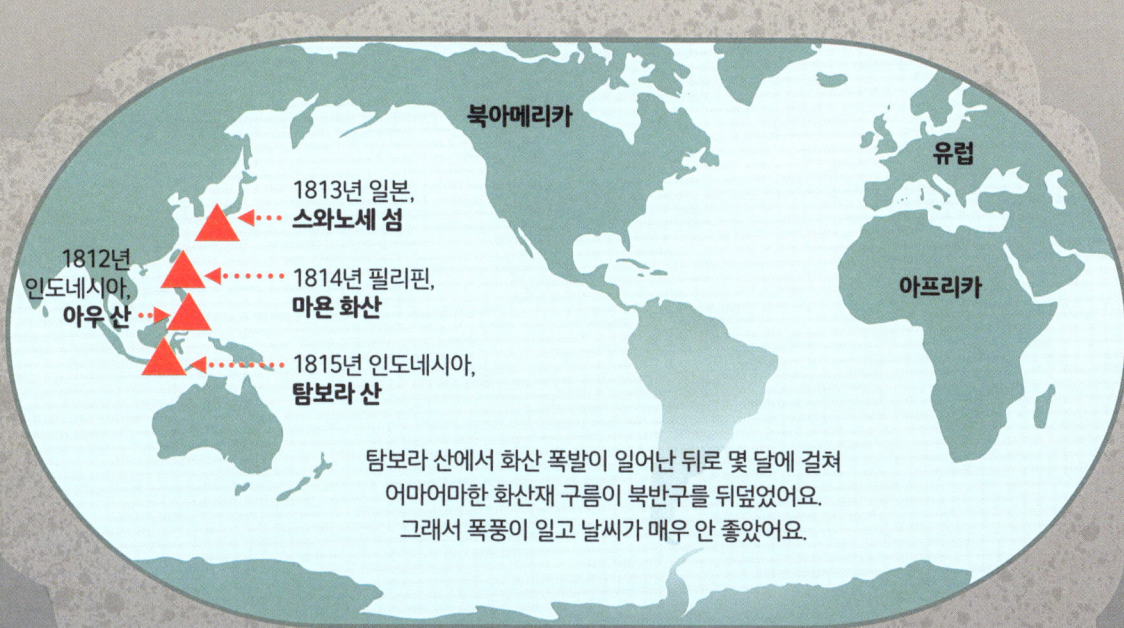

북아메리카

1813년 일본,
스와노세 섬

1812년
인도네시아,
아우 산

1814년 필리핀,
마욘 화산

1815년 인도네시아,
탐보라 산

유럽

아프리카

탐보라 산에서 화산 폭발이 일어난 뒤로 몇 달에 걸쳐
어마어마한 화산재 구름이 북반구를 뒤덮었어요.
그래서 폭풍이 일고 날씨가 매우 안 좋았어요.

화산 폭발로 발생한 먼지구름이 몇 달 동안
햇빛을 가려 작물이 자랄 수 없었어요.

화산 폭발로 발생한 불씨와 화산재 때문에 사망한 사람:	인도네시아: 10,000명 유럽: 0명
화산 폭발 이후 식량 부족이나 환경 변화와 같은 간접적 피해 때문에 사망한 사람:	인도네시아: 71,000명 유럽: 200,000명

1816년은 '여름 없는 해'로
기록됐어요.

40 우주 로켓은 연료가 대부분을…

발사 1분 만에 태워요.

로켓을 우주 궤도로 올리는 데는 아주아주 큰 동력이 필요해요. 지구 중력을 거스를 만큼 로켓을 힘차게 밀어 올리기 위해 어마어마한 양의 연료를 태워 엄청난 폭발을 일으켜요.

3단 로켓 분리
비행시간: 3시간 17분 3초
고도: 334킬로미터

달까지 남은 거리:
38만 4,000킬로미터

이 단계에 이르렀을 때 남은 연료는 꽤 적었어요. 그래도 우주 비행사들이 안전하게 달에 갔다 지구로 되돌아오기에 충분했어요.

2단 로켓 분리
비행시간: 9분 9초
고도: 175킬로미터

1969년에 우주선 아폴로 11호는 인간을 최초로 달에 데려다주었어요. 이 로켓의 무게가 **300만 킬로그램**에 이르렀는데, 그중 대부분이 연료였어요.

나머지 7%

연료 전체 무게의 **93%**

우주

대기권

1단 로켓 분리
비행시간: 2분 42초
고도: 68킬로미터

아폴로 11호 발사 단계
로켓에는 270만 킬로그램의 연료를 실었어요.

로켓은 발사된 후 **3분**도 지나지 않아 연료 약 210만 킬로그램을 불태워 버렸어요.

이 연료의 양은 **747 점보제트기**가 지구를 대략 **네 바퀴** 도는 데 쓸 만한 양이에요.

41 우리가 보는 모든 것은…
수십억 개의 원자로 이루어졌어요.

물질은 **원자**라 불리는 아주 작은 입자로부터 시작돼요. 원자는 여러 가지 형태로 결합해 더 큰 **분자**가 되지요.

수소 원자와 산소 원자가 결합한 분자가 모여 **물**이 돼요.

한 방울의 물에는 **470퀸틸리언**의 분자가 있어요. 470 뒤에 '0'이 무려 18개나 더 붙은 수예요.

수소 원자

산소 원자

물

공기는 여러 가지 기체의 혼합물이에요. 어떤 기체는 분자들로 만들어졌고, 또 어떤 기체는 원자들로 만들어졌어요.

질소 분자

산소 분자

헬륨 원자

이산화탄소 분자

아르곤 원자

공기탱크

금은 한 종류의 원자로만 구성돼요. 금 한 조각을 이루는 금 원자들은 서로 결합해 단단하게 뭉쳐 있지요.

보물 상자

금 원자

50

42 원자는 너무 작아서…
제대로 보기 어려울 정도예요.

과학자들은 **전자 현미경**을 이용해 원자의 구조를 밝히고자 연구해 왔어요.

컴퓨터는 전자 현미경으로 발견한 원자의 모습을 이미지로 그려 줘요.

배율: 1억 × 실제 크기

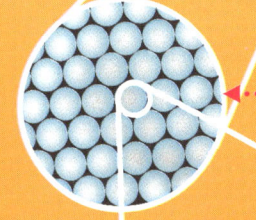

모니터로 볼 수 있는 것: 뭉쳐 있는 원자들의 모습.

과학자들은 원자를 쪼개 원자가 더 작은 입자들로 이루어져 있음을 밝혀냈어요.

원자 중심에는 더 작은 입자가 뭉쳐 있는 **핵**이 있어요.

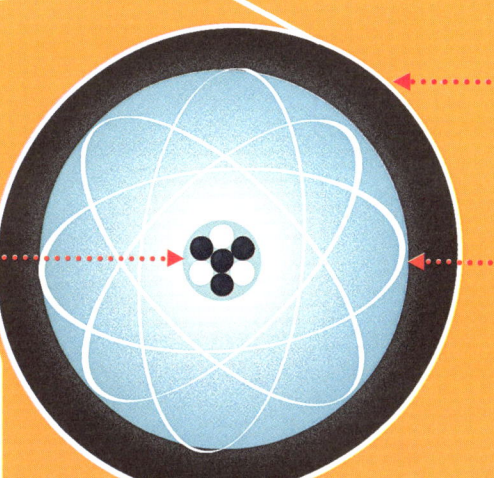

모니터로 볼 수 없는 것: 원자 내부의 모습까지는 보이지 않아요.

전자라는 작은 입자는 핵 주변의 구름을 맴돌아요.

전자 현미경으로 원자들이 물질 속에서 어떻게 배치되어 있는지 알 수 있어요. 하나의 원자가 대략 어떤 위치에 있는지도 알 수 있지요.

고체 물질에서도 원자는 끊임없이 움직이고 있어요. 과학자들은 원자의 움직임이 얼마나 빠른지, 혹은 어디에 정확히 위치하는지를 밝혀낼 수 있어요. 하지만 속도와 위치, 두 가지 정보를 동시에 정확하게 밝히는 것은 무척 어려운 일이에요.

43 놀라울 정도로 긴 역사는…

'깊은 시간'이라는 단위로 잴 수 있어요.

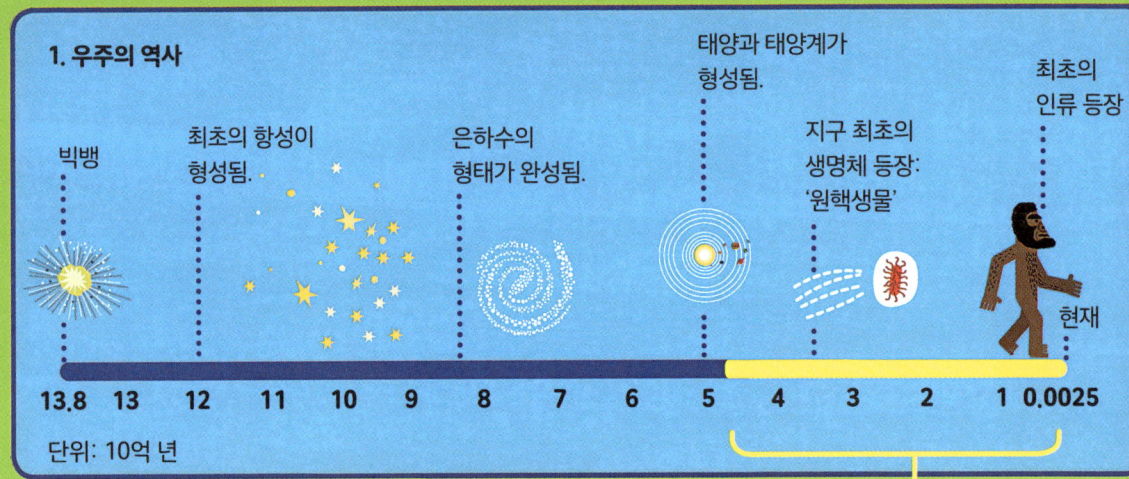

1. 우주의 역사

빅뱅 / 최초의 항성이 형성됨. / 은하수의 형태가 완성됨. / 태양과 태양계가 형성됨. / 지구 최초의 생명체 등장: '원핵생물' / 최초의 인류 등장 / 현재

13.8 13 12 11 10 9 8 7 6 5 4 3 2 1 0.0025
단위: 10억 년

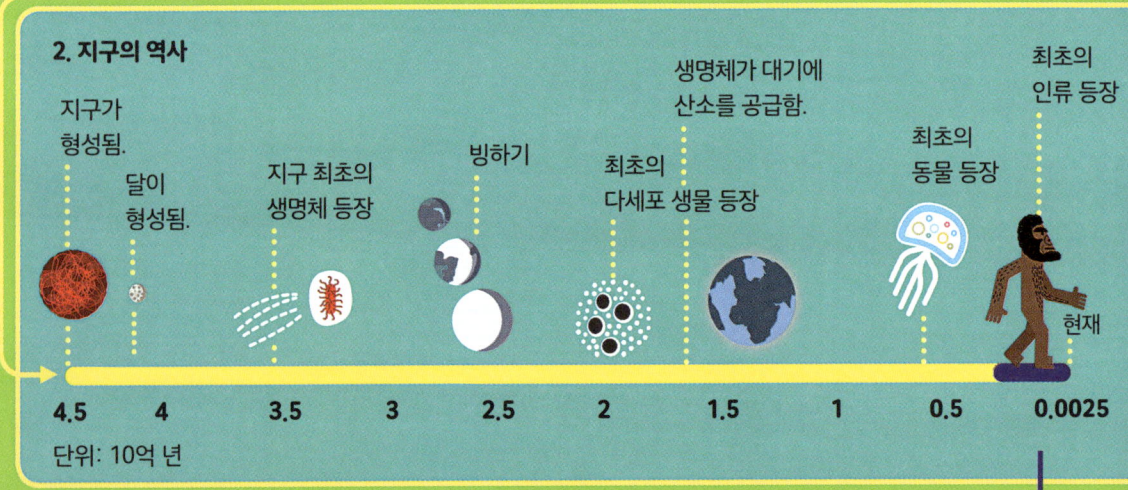

2. 지구의 역사

지구가 형성됨. / 달이 형성됨. / 지구 최초의 생명체 등장 / 빙하기 / 최초의 다세포 생물 등장 / 생명체가 대기에 산소를 공급함. / 최초의 동물 등장 / 최초의 인류 등장 / 현재

4.5 4 3.5 3 2.5 2 1.5 1 0.5 0.0025
단위: 10억 년

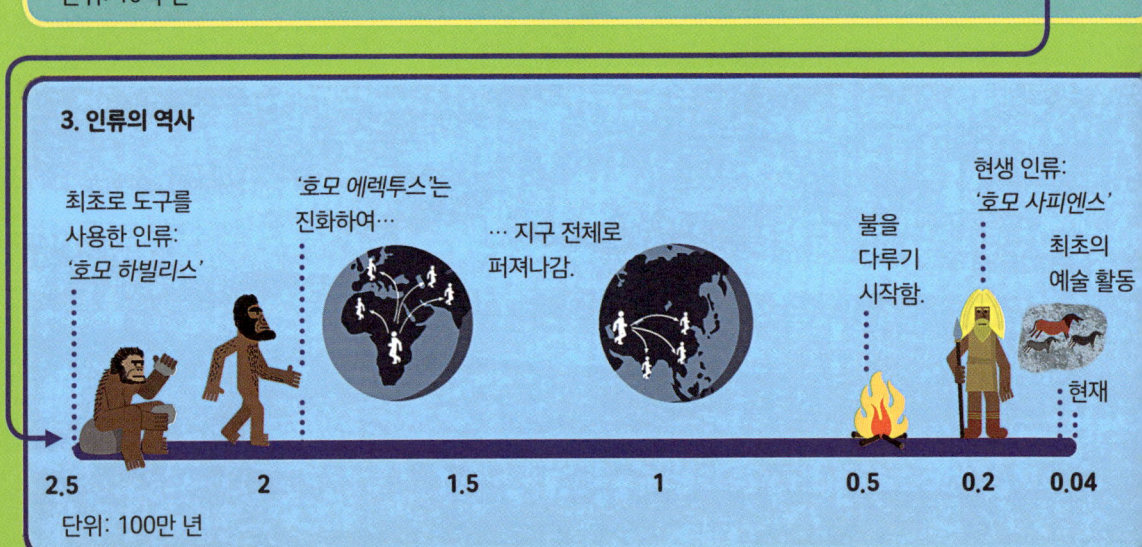

3. 인류의 역사

최초로 도구를 사용한 인류: '호모 하빌리스' / '호모 에렉투스'는 진화하여… / … 지구 전체로 퍼져나감. / 불을 다루기 시작함. / 현생 인류: '호모 사피엔스' / 최초의 예술 활동 / 현재

2.5 2 1.5 1 0.5 0.2 0.04
단위: 100만 년

44 가장 오래된 동물은…

아마 영원히 살 수 있을 거예요.

자그마한 해파리인 '작은보호탑해파리'는 다치거나 늙어도 죽지 않아요.
노화하는 대신 어릴 때 모습으로 돌아가서 다시 살아요.

늙은 해파리   폴립   복제

1. 늙은 해파리가 바다 밑에 가라앉아요.
2. 해파리의 초기 형태인 **폴립** 상태로 돌아가요.
3. 폴립에서 새로운 해파리가 자라나요.
4. 이 해파리는 **클론**이에요. 늙은 해파리와 유전적으로 같아요.

삶을 몇 번이고 다시 시작할 수 있기 때문에,
작은보호탑해파리는 사실상 **불멸**이에요.

수명을 연장하려고 자신을 복제하는 생물도 있어요.

미국에서 40,000그루가 넘는 **사시나무 군체**가 발견됐어요.

나무들은 유전적으로 똑같은 **클론**이었지요.
모든 나무가 거대한 뿌리 갈래에
하나로 연결되어 있었어요.

산불은 땅 위의 나무를 태워 버려요. 하지만 불이 꺼지고 시간이 흐르면,
땅속에 묻혀 있던 뿌리에서 새싹이 올라오는데, 죽은 나무의 클론이지요.
과학자들은 땅속의 뿌리가 적어도 **80,000년**은 넘었을 거라고 생각해요.

45 간단한 도구로…

어려운 일을 쉽게 만들어요.

17세기에 과학자들은 모든 기계의 기초가 되는 간단한 도구 여섯 가지를 개발했어요. 이 간단한 도구들은 일하는 데 드는 힘을 줄여 줘서 일을 쉽게 만들어 줘요.

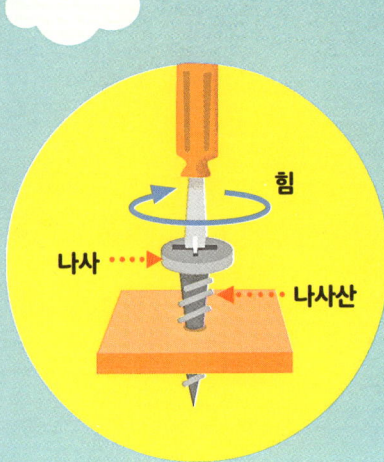

나사에는 산처럼 솟은 돌기인 나사산이 빙 둘러져 있어요. 나사를 돌리면, 나사산이 물체를 가르며 점점 깊이 들어가요. 이 원리를 이용해 물건을 어딘가에 단단히 고정할 수 있어요.

쓰이는 곳: 나사, 나사못, 드릴, 전구, 뚜껑

쐐기는 어떤 물체를 자르거나 고정하는 데 사용해요. 쐐기의 끝이 날카로울수록 자르기 쉽지요.

예시: 도끼, 나이프, 치아, 포크, 손톱, 문 고정용 도어스토퍼

도끼는 쐐기의 한 형태예요.

비탈은 쉽게 짐을 옮길 수 있게 해 주는 경사면이에요. 경사가 완만할수록 힘이 덜 들어가요. 하지만 그만큼 더 긴 거리를 이동시켜야 해요.

예시: 경사로, 지그재그 모양으로 언덕을 오르는 길

도르래에 **바퀴**를 추가하면 한 사람이 짐을 끌어 올릴 때 아래 방향으로 가해지는 힘을 줄일 수 있어요.

도르래는 한 개 또는 여러 개의 바퀴에 줄을 걸어서 짐을 들어 올리거나 끌어당기는 데 쓰는 장치예요.

쓰이는 곳: 기중기, 크레인, 창문 가리개 블라인드, 깃대

축바퀴(윤축)는 바퀴를 막대나 축에 연결한 장치로, 짐을 나르는 데 써요. 바퀴가 클수록 적은 힘이 들지만, 그만큼 돌려야 하는 한 바퀴가 길어져요.

쓰이는 곳: 자동차, 자전거, 손수레

지레(레버)는 중심점 또는 받침점 위에 놓은 막대기로 무거운 물건을 들어 올릴 때 써요. 지렛대라고도 하죠. 지레의 중심점이 짐에 가까워질수록 짐을 쉽게 들어 올릴 수 있어요.

쓰이는 곳: 문고리, 가위, 삽, 호두까기

46 꿀벌은…
행성을 먹여 살려요.

꿀벌은 꽃에서 꿀을 따고 다니며 꽃가루를 이 꽃 저 꽃으로 옮겨요. 이를 **수분(가루받이)**이라고 하지요.

수분이 일어나면 **씨앗**과 **열매**가 맺혀요.

해마다 벌들이 하는 이 일은 **수조 원의 가치**가 있어요.

벌 떼 한 무리 (40,000~60,000마리)는 하루에 꽃 **3억 송이**의 수분을 도와줘요.

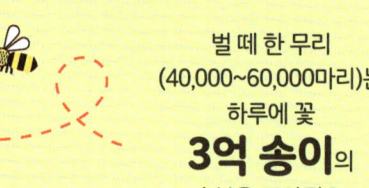

우리가 먹는 음식의 **3분의 1**은 꿀벌의 활동에 의존해서 만들어져요.

최근 세계적으로 꿀벌 개체수가 빠르게 감소하고 있어요. 아무도 정확한 이유를 몰라요.

꿀벌은 100가지가 넘는 작물의 수분을 도와요.

야채 40종

과일 50종

견과류와 씨앗 15종

꿀벌은 커피와 목화에도 수분을 일으켜요.

   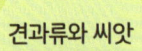          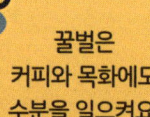    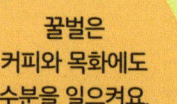  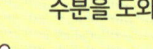

47 세계에서 가장 깊은 바다는…

세계에서 가장 높은 산의 높이보다 깊어요.

햇빛이 비치는 유광층 0~200m

햇빛이 아주 적게 비치는 박광층 200~1,000m

미국 해군 다이버
가장 깊은 곳까지 다이빙한 사람
610m

햇빛이 닿지 않는 무광층 1,000~4,000m

황제펭귄
가장 깊은 곳까지
다이빙한 새
565m

민부리고래
가장 깊은 곳까지 다이빙한 포유류
2,900m

심해대 4,000~6,000m

세계에서 가장 높은 산인 에베레스트 산의 높이는 해발고도 **8,848미터**예요. 만약 이 산이 거꾸로 뒤집혀도 챌린저 해연에 이르지는 못할 거예요.

초심해대 6,000m 이하

덤보문어
가장 깊은 곳에서 사는 문어
7,000m

꼼치
가장 깊은 곳에서 사는 물고기
7,700m

챌린저 해연의 압력:
1㎠ 당 1,000kg

태평양 챌린저 해연
지구에서 가장 깊은 곳
10,994m

48 우주에서 살아남기란…

역시 사람의 몸으로는 어려워요.

우주 정거장은 거의 무중력 상태예요. 이런 환경에서 오랜 시간 생활하면 건강에 심각한 문제가 생기게 돼요.

뼈조직은 매달 1~2퍼센트씩 감소해요.

근육은 빠르게 사라져 가요. 운동을 전혀 하지 않으면, 우주 비행사들은 5~11일 안에 근육 **20퍼센트**를 잃을 거예요.

심장은 위축돼요. 약해지고 작아지는 거예요. 혈액을 몸 전체로 보내기 위해 중력과 싸워야 할 필요가 없거든요.

49 몸속의 세포 500억 개가…

날마다 스스로 파괴돼요.

사람의 몸은 적어도 **10조** 개의 세포로 이루어져 있어요.

우리 몸에서는 200가지가 넘는 다른 종류의 세포들을 찾을 수 있어요.
어떤 세포는 몸을 구성하고, 또 다른 세포는 생명을 유지하는 활동을 하지요.

····▶ 세포핵
····▶ 세포막

근육과 **피부, 뼈 세포**는
몸의 여러 부분을 만들어요.

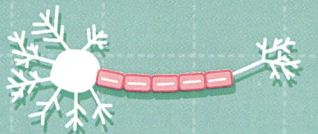

신경 세포는 몸의 다른 부분으로
신호를 전달해요.

적혈구는 산소를
몸 전체로 나르죠.

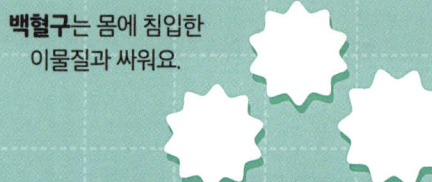

백혈구는 몸에 침입한
이물질과 싸워요.

백혈구 중 일부는 **식세포**예요.
박테리아를 먹고
죽은 세포를 청소해요.

세포가 상처를 입거나 몸에서 더 이상 필요가 없어지면
세포핵은 세포에게 스스로를 파괴하라는 신호를 보내요.

1
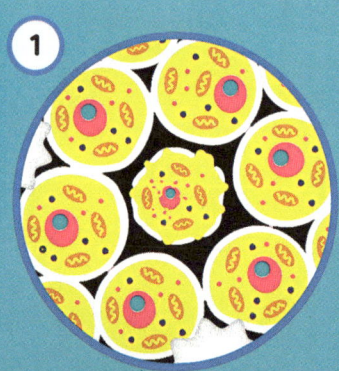
세포가 줄어들고 핵이 붕괴되며
세포막이 깨져요.

2
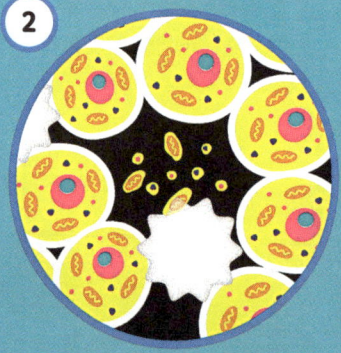
세포가 완전히 깨지면
식세포가 다가와서 청소해요.

3
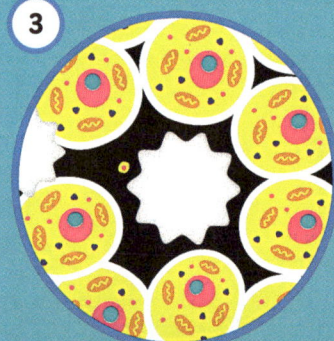
식세포는 죽은 세포의
남겨진 부분을 흡수해요.

50 집파리는 윙윙댈 때면…

언제나 파(F) 음을 내요.

기타 줄이 퉁겨져 소리를 내는 것처럼 음악은 진동에 의해 일어나요.
심지어 집파리가 날갯짓을 할 때도 음악이 발생하지요.
진동의 빠르기에 따라 높은음과 낮은음이 결정돼요.

집파리는 날개를
1초에 345번 가량 퍼덕여요.

파리의 날갯짓은 윙윙거리는
소리를 만들어요. 이 소리는
중간 도(C) 위의 파(F) 음과
같아요.

기타를 연주해서 집파리가 날갯짓 하는 소리를
들을 수도 있다는 말이죠!

51 거미줄은…

철사보다 두 배나 강해요.

거미가 집을 지을 때 만드는 거미줄은 단백질로 이루어진 얇은 실이에요.

거미의 꽁무니를 자세히 관찰하면 거미줄이 나오는 작은 관 모양의 돌기들을 볼 수 있어요. 이를 **방적 돌기(실돌기)**라 해요.

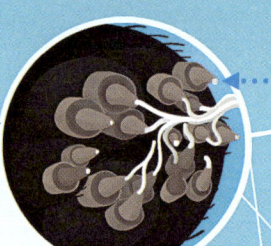

방적 돌기

두꺼운 거미줄은 비바람이 몰아치거나 잔 나뭇가지나 나뭇잎들이 떨어져도 버틸 수 있을 정도로 강력해요.

나선형으로 쳐진 얇은 거미줄은 끈적끈적해서 거미가 먹을 곤충을 붙잡는 덫이 되어 줘요.

거미줄이 이렇게 강한 이유는 무엇일까요?

거미줄은 탄력성이 좋기 때문이에요. 아주 많이 늘어나도 끊어지지 않아요.

거미줄은 엄청나게 가늘어요. 두께가 **0.0003밀리미터** 정도지요.

철사는 거미줄보다 유연하지 않아요. 과학자들은 거미줄이 철보다 **5배나 더 강하다는 것도** 알아냈어요.

유럽동굴거미가 만드는 거미줄이 가장 유연해요. 끊어지기 직전까지 **원래 길이의 7.5배**가 될 정도로 늘어날 수 있어요.

거미줄

철사

52 정전기는…

자동차에 페인트를 칠할 때 쓰여요.

모든 물질은 원자로 이루어져요.
원자 내부에는 더 작은 입자인
전자가 원자핵 주변을 돌고 있지요.

정전기는 원자가 전자를 얻거나
잃을 때 발생해요.

원자의 중앙에 위치한
원자핵은 양전하를
띠어요.

전자는 음전하를
띠고 있어요.

만약 원자가 전자를 잃으면,
양전하를 띠어요.

만약 원자가 전자를 얻으면,
음전하를 띠어요.

같은 전하끼리는
서로를 밀어내고요.

다른 전하끼리는
서로를 잡아당겨요.

(1) 자동차 공장에서 스프레이식 페인트는 양전하를
띠는 기계에 연결돼요. 기계가 페인트의 전자를
빨아 들여서 페인트는 **양전하**를 띠게 돼요.

(2) 자동차는 **음전하**를 띠어요.

페인트 방울은
서로를 밀어내기 때문에
골고루 퍼져요!

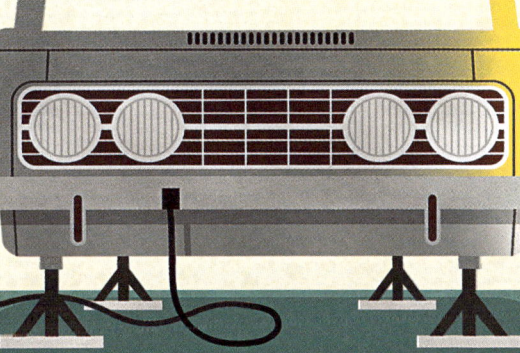

(3) 양전하와 음전하가 서로를 잡아당기면,
페인트는 자동차 표면에 골고루 칠해져요.
페인트가 벽이나 바닥에 흐르지 않아요.

53 파란 하늘은…
빛의 속임수라고 할 만해요.

하늘은 사실 그 자체로는 색이 없어요. 태양으로부터 온 빛은 대기권을 통과할 때, 주변으로 흩어져요. 이때 가장 많이 흩어진 빛의 색이 지표면에 있는 우리 눈에 보이는 거예요.

하늘은 1조 개가 넘을 만큼 셀 수 없이 많은 기체 분자와 아주 작은 먼지들의 혼합물이에요.

우주가 깜깜하게 어두운 이유는
빛을 반사할 물질이
없기 때문이에요.

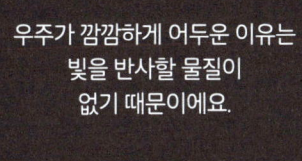

태양

태양으로부터 나온 빛

빛은 **에너지**의 한 형태예요.
태양의 백색광은 무지개의 모든 색으로
분리되는 빛이 합쳐진 빛이에요.
각각의 색은 다른 수준의 에너지를 가지는데,
빨간색은 가장 에너지가 낮고,
보라색은 가장 에너지가 높아요.

햇빛이 하늘에 닿으면…

공기 중의 기체 분자와 충돌해서 이리저리
흩어져요. 이때 빛이 분리되면서
여러 가지 색이 나타나요.

구름이 없는 날에는 보라색, 남색, 파란색과
같이 에너지가 높은 색이 낮은 에너지의
다른 색들보다 쉽게 흩어져서
공기 중에 더 많이 퍼져요.

이 색들이 이리저리 부딪히며
땅에 이른 결과로, 하늘이 연한
푸른색으로 보여요.

54 뫼비우스의 띠는…
면이 하나이고, 모서리도 하나예요.

1858년 독일의 수학자인 **아우구스트 뫼비우스**와 **요한 리스팅**은 각자 이 띠를 생각해 냈어요. 리스팅이 먼저 이 발견에 대한 논문을 출판했어요. 하지만 알 수 없는 이유로 사람들이 이것을 뫼비우스의 띠라고 부르기 시작하여 오늘날에 이르렀어요.

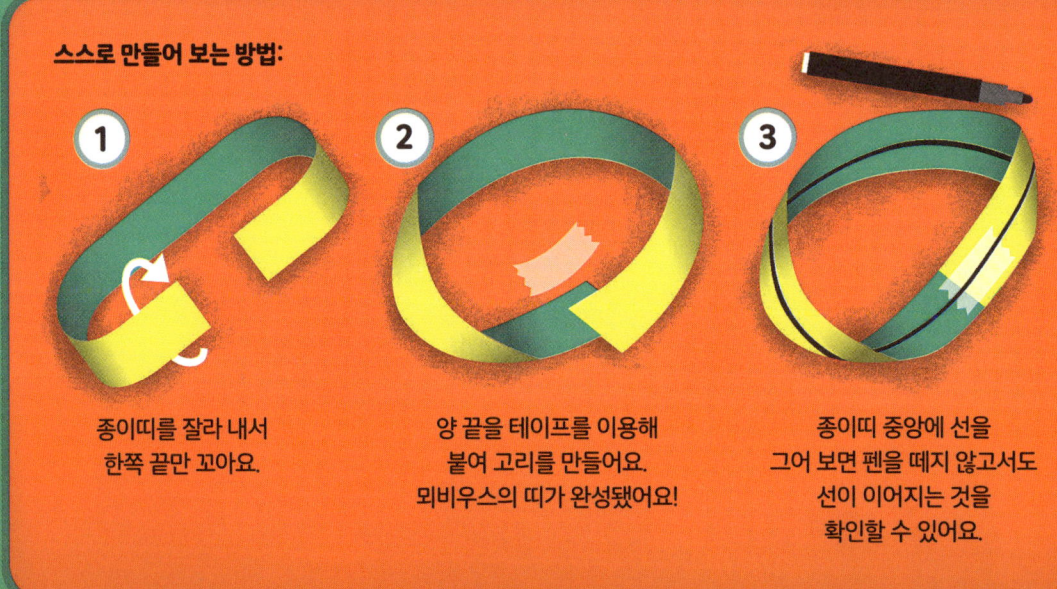

스스로 만들어 보는 방법:

1. 종이띠를 잘라 내서 한쪽 끝만 꼬아요.
2. 양 끝을 테이프를 이용해 붙여 고리를 만들어요. 뫼비우스의 띠가 완성됐어요!
3. 종이띠 중앙에 선을 그어 보면 펜을 떼지 않고서도 선이 이어지는 것을 확인할 수 있어요.

55 북극제비갈매기는…
다른 어떤 동물보다 멀리 이주해요.

'이주'란 동물이 사는 곳을 다른 곳으로 옮기는 것이에요.

북극제비갈매기는 매년 북극과 남극을 오가며 이주해요. 왕복 거리가 **80,000킬로미터**도 넘어요.

5월~7월에는 아이슬란드나 그린란드의 물가에서 알을 낳고 새끼를 길러요.

8월이면 남쪽으로 날아가요. 경로는 바람의 방향에 따라 결정되지요.

4월이면 북쪽으로 날아가요.

제비갈매기는 바다 위 바람을 타고 날아가는 동안 먹거나 잘 수 있어요.

12월~3월에는 웨들 해에서 물고기와 새우를 먹고 살아요.

북반구에 여름이 찾아오면, 남반구에는 겨울이 찾아와요. 북극에서 여름을 지낸 북극제비갈매기는 다시 여름이 찾아오는 남극으로 날아가요. 그래서 북극제비갈매기는 다른 동물보다 오랫동안 햇빛을 누리며 살아간답니다.

56 빛은…
태양계를 지나는 우주선을 밀어내지요.

빛이 물체에 부딪히면 작은 압력이 발생해요.
이 힘을 **복사압**이라고 불러요.

빛의 복사압은 아주 작아서 거의 느낄 수 없을 정도지만 빛이 무리를 이루면
효과가 커져요. 태양 복사압으로 **행성의 궤도**를 바꿀 수도 있어요.
또 혜성이 어떤 방향에서 다가와도 태양에 충돌하지 못하게 할 수도 있어요.
복사압으로 혜성의 꼬리를 밀어내 진행 방향을 살짝 틀 수 있거든요.

혜성

혜성의
진행 방향

태양빛

과학자들이 우주선에 설치할 **태양돛**을 개발하고 있어요.
태양돛은 매우 얇고, 빛을 반사시키는 재질로, 너비가
수 킬로미터에 이를 만큼 거대해요. 태양돛은 태양 복사압을
모아서 얻은 힘으로 우주선을 이동시켜요.

미래에 선보일
태양돛 우주선이에요.

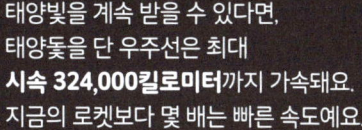

태양빛을 계속 받을 수 있다면, 태양돛을 단 우주선은 최대 **시속 324,000킬로미터**까지 가속돼요. 지금의 로켓보다 몇 배는 빠른 속도예요.

태양돛 기술은 이미 사용되고 있어요. 2010년 12월, 일본의 과학자들은 **이카로스**라는 우주선을 만들어 태양돛으로 얻은 동력만으로 금성 곁을 지나갔지요.

우주선 이카로스

57 빛은 원자를 쥐어짜서…

핵융합을 일으켜요.

과학자들은 큰 에너지를 발생시키는 복사압으로 **핵융합**을 유도해요. 아래 과정을 보면 원리를 이해할 수 있어요.

수십억 분의 1초 동안 수소 원자는 **고출력 레이저 200개**에서 나오는 빛에 쏘여요.

③
수소 원자의 **핵** 2개가 서로 부딪쳐 **융합** 반응을 일으켜요. 새로운 헬륨 원자가 생겨나면서 아주 많은 에너지가 분출돼요.

레이저는 수소 원자를 압박해 **납보다 20배나 빽빽하고**, 태양보다 뜨거운 상태로 만들어요.

④
이때의 에너지를 모아 전기로 바꿀 수 있어요. 이것이 화석 연료의 대안이 되어 줄 수도 있어요.

58 간단한 지레가…
강력한 무기가 될 수 있어요.

중세 시대에는 적을 공격할 때, 성을 향해 돌을 던지는 **투석기**를 썼어요.
투석기는 간단한 지레의 원리를 이용한 무기였지요.

① 지레는 **지렛대**와 **중심점**으로 이루어져요.

② 투석기는 무거운 **균형추**에서 동력을 얻어요. 균형추가 아래로 내려가면 중심점을 기준으로 지렛대의 반대쪽이 빠르게 올라가면서 끝에 걸려 있던 돌을 던져요.

③ 투석기는 **150킬로그램**짜리 돌을 최대 **300미터** 높이까지 날려 버려 성벽을 무너뜨리고 적군을 공격했어요.

투석기는 어떻게 큰 힘을 얻을까요?

투석기로 돌을 던지는 데 3초가 걸린다고 가정해 봐요. 그동안 균형추는 짧은 거리를 이동해요.(X) 같은 3초 동안 지렛대 끝에 매달린 돌은 훨씬 긴 거리를 이동하게 돼요.(Y)

다시 말해 돌이 균형추보다 **훨씬 빠르게, 훨씬 멀리** 이동한다는 뜻이에요. 빠른 속도로 지렛대 끝을 벗어나는 과정에서 돌은 아주 큰 힘을 얻을 수 있어요.

59 지구의 낮은…

점점 길어지고 있어요.

달의 인력이 지구의 자전을 느리게 해요. 100만 년마다 낮이 **20초**씩 늘어나고 있어요.

	1일의 시간	1년의 날짜
6억 2,000만 년 전	21.9	400
2억 3,000만 년 전	22.7	386
현재	24	365
1억 8,000만 년 후	25	350

60 길이 2미터의 DNA가…

눈에 보이지 않는 작은 세포에 들어 있어요.

DNA는 살아 있는 세포에서 발견할 수 있는 아주 긴 분자예요. 생물을 구성하고 작동하게 만드는 명령이 담겨 있지요.

보통의 세포 너비는 **0.01밀리미터**에 불과해 맨 눈으로 보기 어려워요. 하지만 세포 한 개에 들어 있는 DNA를 풀어 보면, 길이가 약 **2미터**에 달할 거예요.

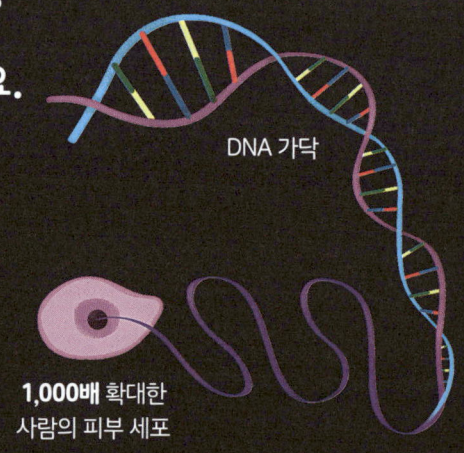

DNA 가닥

1,000배 확대한 사람의 피부 세포

사람 몸속의 모든 DNA를 풀어 보면 지구와 태양 사이를 **250번** 왕복할 만큼 길어요!

61 어떤 씨앗은…

수천 킬로미터를 여행해요.

꼬투리가 터져서
어떤 씨앗은 꼬투리에 싸여서 자라요.
꼬투리가 마르면 갑자기 터지는데,
이때 씨앗이 공기 중으로 튀어 나가요.

등나무

바람을 타고
깃털이 달린 가벼운 민들레 씨앗은
바람을 타고 퍼져 나가요.

봉선화

식물은 씨앗을 넓은 지역에 널리 퍼뜨림으로써 자손들이 살아남을 가능성을 높여요.

단풍나무의 씨앗에는
날개가 달려 있어요.
이런 모양의 씨앗은 바람을 타고
빙글빙글 돌거나 바람에
가볍게 실려 갈 수 있어요.

동물의 몸을 타고
새가 열매를 먹으면 씨앗도
새의 배 속으로 들어가요.
나중에 씨앗은 새의 똥에
섞여 나와서 먼 땅에 떨어지지요.
때로는 몇 킬로미터도 가요.

우엉의 씨앗에는 작은 갈퀴가
수십 개씩 나 있어요.
그 덕분에 동물의 털에 붙어
멀리 이동하죠.

물에 떠서
코코넛 나무는 물에 뜰 수 있는
씨앗을 맺어요. 코코넛 씨앗은
바닷물의 흐름을 따라 **1,600킬로미터**
떨어진 곳까지 이동할 수 있어요.

62 찰스 다윈은…

우리가 생물을 생각하는 방법을 완전히 바꿨어요.

영국의 자연 과학자 찰스 다윈은 모든 생물이 시간에 따라
어떻게 진화하고 변화해 왔는지를 설명하는 이론을 세웠어요.
이 이론으로 찰스 다윈은 유명해졌지만 종교인들의 비판을 받았어요.

1809년
찰스 다윈이 영국의
슈롭셔 지역에서
태어났어요.

1828~1831년
다윈은 케임브리지
대학에서 공부했어요.

1831년
영국 군함 비글호를 타고
5년 동안 전 세계를 여행하며
수천 종의 동물을 연구했어요.

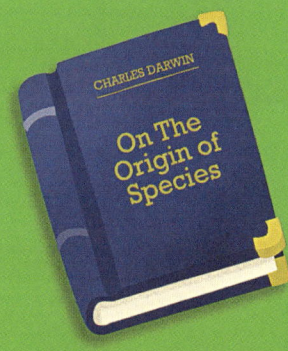

1859년
마침내 다윈은 연구 성과를 모아
『자연 선택 또는 생존 경쟁에서
살아남은 종의 보존에 의한
종의 기원』을 출판했어요.

1839~1859년
다윈은 20년 이상 연구하여
진화 이론을 완성했어요.

1860년
종교인들이 다윈의 이론을 공격했어요.
다윈과 다윈의 진화론을 지지하는 사람들은
수집한 증거물을 토대로 반박했지요.

1882년
다윈은 73세에
세상을 떠났어요.

63 진화는…

언제나 일어나요.

다윈은 자신이 **자연 선택**이라고 일컬은 어떤 과정 때문에 생물이 진화한다고 주장했어요.
다윈의 이론이 나온 배경을 살펴봐요.

다윈의 관찰

1 다윈은 야생의 먹이는 한계가 있어서, 생물들이 살아남기 위해 싸워 이겨야 하는 것을 알았어요.

생물은 생존을 위해 서로 경쟁해요.

2 다윈이 식물과 동물을 수천 개씩 연구한 결과…

따개비

난초

오리

모든 생물에게는 고유한 특징이 있었어요.

3 다윈은 사람들이 이미 의심하던 것을 검증하기 위해 비둘기를 교배시켰어요.

암컷   수컷

+

아버지로부터 물려받은 줄무늬   어머니로부터 물려받은 색깔

생물의 여러 가지 형질은 자식이 부모로부터 물려받아요.

다윈의 결론

모든 개체는 먹이를 얻기 위해 경쟁해요…

짧은 목   긴 목

세대가 지날수록 유리한 형질은 더 흔해질 거예요.

그중 어떤 개체가 긴 목과 같이 높은 나뭇잎을 먹는 데 유리한 장점을 가지고 있다면 생존하기 쉬울 거예요.

그리고 생존의 장점을 고스란히 자손들에게 물려줄 거예요.

그리고 결국 종 전체가 같은 형질을 갖게 되겠죠. 모든 생물 종이 항상 겪는 일이지요.

다윈은 이런 과정을 가리켜 **자연 선택**이라고 했어요. → **진화**

64 겨울잠을 자는 동안...

숨을 완전히 멈추는 동물도 있어요.

먹이가 거의 없고 추운 겨울에 살아남기 위해서 어떤 동물들은 겨울잠을 자요.
겨울잠이 어떤 역할을 하는지 알아봐요.

겨울잠쥐는 좋은 에너지원인
나무 열매를 먹고 겨울잠을 준비해요.

겨울잠쥐는 나뭇잎들을 모아
만든 집에서 겨울잠을 자요.
체온과 심장 박동 횟수가
떨어져 겨울잠쥐는 아주 적은
에너지만을 쓰고 지내요.
그래서 아무것도 먹지 않아도
7개월 동안 살아남을 수 있어요.

체온은
32도에서 7도까지 떨어져요.

심장 박동수는
1분에 500회에서 10회까지 줄어요.

호흡은
1분에 2~3회로 줄어요.

송장개구리는
나뭇잎이나 얕은 흙 아래서
겨울잠을 자요.

1

2

날씨가 추워지면
혈액 속에 얼음이 생기고
호흡은 완전히 멈춰요.

다시 날씨가 따뜻해지면,
몸이 녹고 다시 호흡을
시작해요.

3

의사들은 아주 심각한
부상을 입은 환자에게
겨울잠과 비슷한
치료법을 쓰기도 해요.

환자의 혈액을 차게
식힌 소금물로 바꾸면
몸이 빠르게 차가워지죠.

체온이 10도에 이르면
환자는 숨을 멈춰요.
몸이 산소를 필요로 하지
않기 때문이지요.
이 방법을 쓰면 의사는
환자 뇌에 손상을 주지 않고
수술할 수 있어요.
혈액이 다시 주입되면,
환자는 깨어나게 돼요.

65 목성의 거대한 빨간 점은…

지구보다 큰 폭풍이에요.

목성에서 발견된 거대하고 빨간 점은 태양계에서 가장 큰 폭풍이에요.
400년 넘게 계속 휘몰아치는 중이지요.

거대한 빨간 점의 폭은 약 **16,000** 킬로미터예요.

거대한 빨간 점

목성은 지구보다 **1,300**배 커요.

목성에 비하면 지구의 크기는 이만해요.

폭풍 안에서 바람의 속도는 **시속 400킬로미터**에 달해요.

폭풍 안에서 발생하는 번개는 지구의 번개보다 수천 배는 밝아요.

목성의 폭풍은 반시계 방향으로 돌아요. 한 바퀴 도는 데 지구 시간으로 6일이 걸려요.

66 고래는 손가락뼈가 있어요...

비록 손가락은 없지만요.

고래와 사람은 모두 **포유류**이고, 공통의 조상이 있어요. 아주 오래전에 살았던 포유류의 먼 조상이 후손들에게 비슷한 뼈 구조를 물려주었어요.

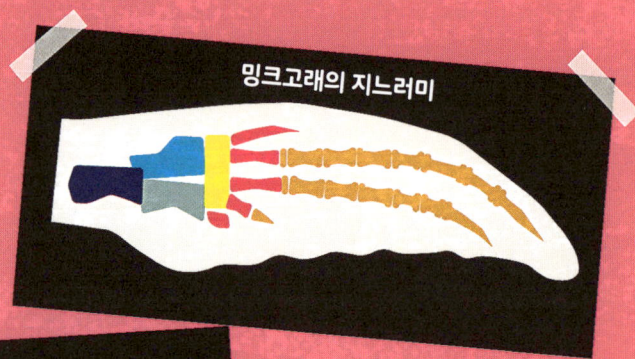

밍크고래의 지느러미

사람의 팔

고래와 사람은 **수억 년 전에** 다른 종으로 나뉘어 지금 모습처럼 달라졌지만, 여전히 고래의 지느러미와 사람 팔의 뼈 구조에서 놀랍게도 비슷한 점을 찾을 수 있어요.

고래와 사람이 공유하는 뼈:
- 지골(손가락 뼈)
- 장골(손허리 뼈)
- 수근골(손목뼈)
- 노뼈
- 자뼈
- 위팔뼈

다른 포유류에서도 비슷한 뼈 구조를 발견할 수 있어요.

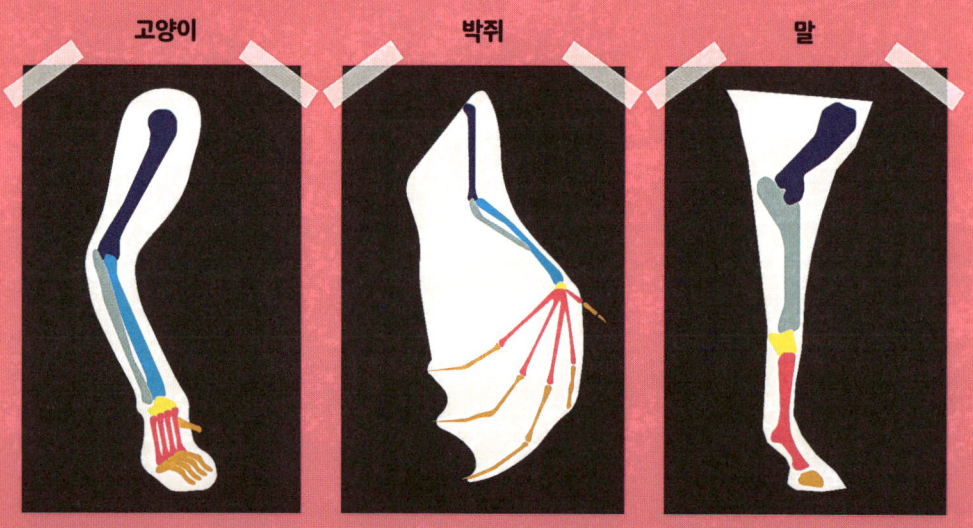

고양이   박쥐   말

67 한때 고래는…
네 발로 걸었어요.

고래는 땅 위에서 **네 발로 걷던 동물**의 후손이에요. 오랜 세월 진화를 거듭하면서 바다에서 생활하는 데 적응한 거예요.

5,200만 년 전:
고래의 먼 조상인 **파키세투스**는 육지에 살았지만 얕은 물에서 물고기를 사냥했어요.

5,000만 년 전:
파키세투스의 후손인 **암불로세투스**는 물범처럼 육지와 바다를 오가며 살았어요.

4,500만 년 전:
로드호세투스는 육지에서 사는 데 서툴렀어요. 하지만 강하고 유연한 꼬리로 수영을 아주 잘했어요.

4,000만 년 전:
도루돈은 물에서만 살 수 있었어요. 고래의 조상이지만 여전히 작은 뒷발을 가지고 있었어요.

현재:
혹등고래는 물에서만 살 수 있고 뒷발이 없어요.

68 과학 소설은...
실제 발명을 이끌어요.

1870년 출간
『해저 2만 리』
쥘 베른

소설의 줄거리
한 교수와 그의 동료들이 바다 속을 헤엄치는 배 노틸러스호를 이끄는 신비한 네모 선장에게 구조되어 바닷속을 탐험하는 이야기예요.

실제 발명
미국의 엔지니어 사이먼 레이크는 베른의 소설 속 배를 만들기로 했어요. 1897년에 이르러 최초로 물속에서도 숨 쉴 수 있게 하는 장치인 **'에어로크'를 설치한 금속 잠수함**을 개발했지요.

"실로 엄청난 깊이에서, 바다는 다른 시대에서 온 생명을 간직하고 있지 않을까?"

1942년 출간
『왈도: 궤도의 천재』
로버트 하인라인

소설의 줄거리
짜증을 잘 내는 천재 왈도 F. 존스는 우주에 사는 은둔자예요. 근육이 약해지는 병에 걸렸지만, 로봇 팔을 만들어 극복하지요.

실제 발명
1945년에 나사(NASA)에서는 '왈도스'라는 **로봇 팔**을 만들었어요. 로봇 팔은 현재 우주선을 수리하는 데 사용돼요.

"왈도는 입술을 오므렸어요. '이름도 모르는 지구의 사람은 내 관심사가 아니란 말이다!'"

1897년 출간

『우주 전쟁』

H. G. 웰스

소설의 줄거리
화성에서 온 침략자들이 '트라이포드'라는 거대한 기계를 이용해 지구를 돌아다니며 공격하는 이야기예요.

실제 발명
미국의 물리학자인 로버트 고다드는 행성 간 여행에 푹 빠져서 평생 **우주 로켓**을 설계했어요. 그가 만든 최초의 로켓은 1926년에 발사됐지요.

"우주의 만을 건너 온, 커다랗고 차가운 지적 생물은 아마 지구를 부러워했을지 모른다."

1961년 출간

『프랑켄슈타인을 위해 다이얼 'F'를 돌려라』

아서 C. 클라크

소설의 줄거리
전 세계의 가정용 전화기가 네트워크로 연결되어 서로 얘기하기 시작하고, 이로 인해 만들어진 인공 지능이 사회에 불러온 혼돈을 그려요.

실제 발명
영국의 컴퓨터 과학자 팀 버너스 리는 네트워크에서 아이디어를 얻었어요. 1990년 전화선을 통해 컴퓨터들을 연결하는 **월드 와이드 웹**을 개발했어요.

"1975년 12월 1일 그리니치시 오전 1시 50분, 세계의 모든 전화기가 울리기 시작했다."

69 미래에는 우주 엘리베이터가…

우주 비행사들을 궤도로 올려줄 거예요.

과학자들은 지구 표면과 우주를 잇는 거대한 케이블 시설을 연구하고 있어요. 연료를 많이 쓰지 않고도 케이블을 따라 오르락내리락하는 엘리베이터 자동차로 우주 비행사들을 우주에 보낼 계획이에요.

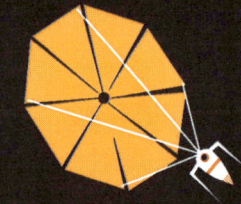

균형추
케이블을 팽팽하게 편 상태로 유지시킬 수 있는 아주 무거운 물체예요. 소행성을 균형추로 삼을 수도 있어요.

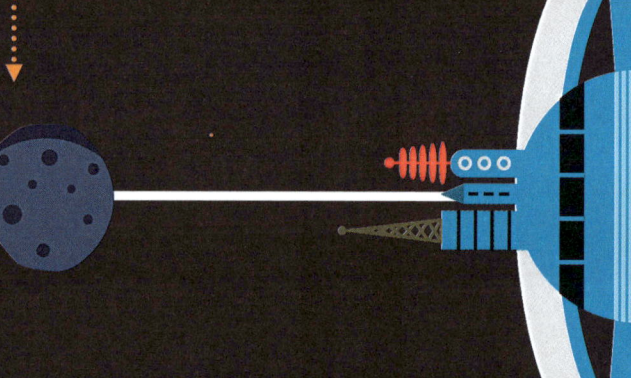

우주 정거장
우주선이 우주여행을 하는 도중에 멈추고 우주 정거장과 도킹*할 수 있어요.

*도킹: 두 우주선이 서로 결합하는 것

우주 엘리베이터는 로켓보다 환경친화적이고 안전해요.

완성되면 우주를 다녀오는 비용이 훨씬 싸진답니다.

우주 엘리베이터가 완성됐을 때 예상되는 우주여행 비용은 현재 로켓으로 다녀오는 비용보다 **100배** 나 쌀 거예요.

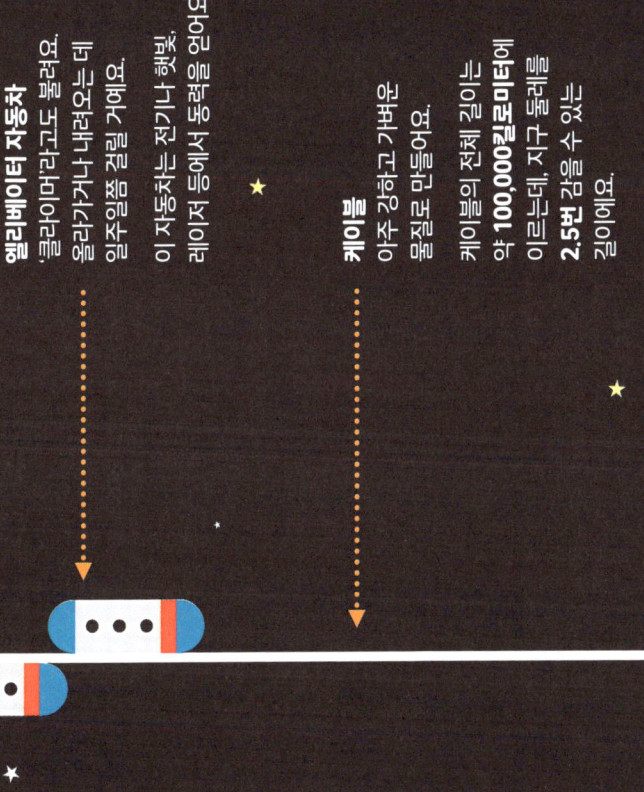

70 문어는…

심장이 세 개예요.

문어의 심장 두 개는 **아가미**(물속에서도 숨을 쉴 수 있도록 하는 호흡 기관)로 혈액을 보내고, 나머지 심장 한 개는 몸의 나머지 부분으로 혈액을 보내요.

문어의 눈에는 좁고 기다란 **동공**이 있어요. 문어가 어떤 위치로 방향을 틀어도 동공은 수평으로 긴 형태를 유지해요.

다리 표면에 이중으로 배열된 **빨판**은 물체를 움켜쥐는 데 쓰여요. 문어는 빨판으로 물체를 만지면 맛을 느낄 수 있대요.

문어는 **뼈**가 없어서 아주 비좁은 공간을 지나갈 수 있어요.

포식자가 공격하면 문어는 **먹물**을 내뿜으며 도망가요. 시야를 가리고 냄새를 맡지 못하게 하는 거예요.

문어 다리는 따로따로 독립적으로 움직일 수 있어요. 문어의 **뉴런**(정보를 전달하는 신경 세포) 중 3분의 2가 다리에 몰려 있다고 해요.

71 최초의 컴퓨터는…

바로 인간이었어요!

빠른 현대식 계산기와 전자 컴퓨터가 개발되기 전에
컴퓨터라고 불리던 사람들이 복잡한 계산을 손으로 하나하나 해결했어요.

1757년, 프랑스 과학자 세 명은
다섯 달 동안 하나의 계산에 열중했어요.
태양 주변에서 발견되는 핼리 혜성의
경로를 푸는 문제였지요.

과학자들은 복잡한 문제를
작은 부분으로 쪼개서 계산하여
혜성의 경로를 예측했어요.

19세기 후반, 하버드대학교에서는
하버드 컴퓨터들이라고 알려진
여성 과학자들이 수천 개의 항성들을
손으로 직접 적어 가며 분류했어요.

보수도 적고 인정도 별로 받지
못했지만, 이들은 중요한 발견을
하기도 했어요. 그중에서
헨리에타 스완 레빗과 같은
몇몇 사람은 나중에 유명한
천문학자가 되기도 했어요.

제2차 세계 대전 동안,
아주 많은 사람들이
포탄의 경로를 예측하기 위해
인간 컴퓨터 팀을 꾸렸어요.

전장의 군인들은
인간 컴퓨터의 계산 결과에 따라
조준하는 방향을 바꿨지요.

72 박쥐는…

먹이를 잡기 위해 소리의 울림을 이용해요.

박쥐는 밤에 사냥을 해요. 하지만 많은 종류의 박쥐들이 어둠 속에서 볼 수 없어요. 박쥐는 눈으로 보는 대신에 **반향정위**라는 기술을 써요. 소리를 내서 반사하는 울림을 듣고 위치를 알아내는 방법이에요.

1 박쥐는 **초음파**라는 아주 높은 소리를 내요.

초음파는 사람이 들을 수 없는 아주 높은 소리예요.

2 초음파는 단단한 물체를 만나면 반사돼요. 박쥐는 초음파가 반사된 소리를 듣고 먹잇감의 위치를 알아내요.

3 초음파를 연달아 여러 번 보내면 어둠 속에서 움직이는 것도 찾아낼 수 있어요.

4 불나방과 같은 곤충도 스스로 초음파를 내요. 박쥐로부터 자신을 보호하는 방법이지요.

73 종유굴(석회 동굴)은…

물이 석회암을 조각해 만들어요.

1 빗방울이 떨어지면서 공기 중의 이산화탄소를 흡수해요.

2 빗물과 이산화탄소는 산성을 띠어요.

3 산성을 띤 물이 땅속에서 흐르면서 석회암을 녹여요.

4 서서히 바위 속에 거대한 구멍이 뚫려요.

물이 떨어지며 바위에 모양을 만들어요.

아래로 자라는 종유석

위로 자라는 석순

폭포

가장 오래된 동굴:
미국 켄터키 주의 맘모스 동굴은 길이가 650킬로미터에 이르러요. 영국 북쪽 끝에서 남쪽 끝에 이를 만한 길이죠.

지하수

74 목성에…

79개의 달이 있어요.

달은 행성 주변을 도는 암석 덩어리예요. 다른 말로 위성이라고 하지요.
태양 주변을 도는 행성과 같이, 위성은 행성 주변을 돌아요.

태양계에서 가장 많은 위성을 가진 행성은 무엇일까요?

수성 0 · 금성 0 · 지구 1 · 화성 2
목성 95 · 토성 146 · 천왕성 27 · 해왕성 14

목성의 위성들

목성은 거대한 행성이에요. 목성은 강력한 중력으로 여러 개의 위성을 끌어들여 자기 주변의 궤도에 붙잡아 둬요. 가장 흥미로운 목성의 위성 세 개를 소개할게요.

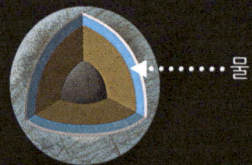

유로파
(일부분을 잘라낸 모습)

과학자들은 **유로파**의 표면 아래에
물이 있을 거라고 생각해요.
그렇다면 생명체가 존재할 수도 있어요.

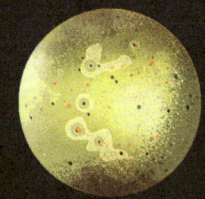

이오

이오에는 400개가 넘는 활화산이 있어요.
태양계에서 가장 많은 화산이 있어요.

가니메데는 태양계에서 가장 큰 위성이에요.
수성보다 크지요.

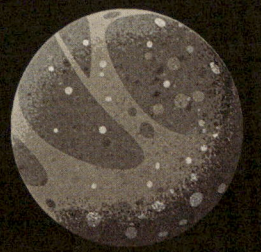

가니메데

수성

75 약 4,000번의 지진이…
날마다 일어나요.

지진의 규모는 **모멘트 규모**라는 단위로 측정돼요.

규모	영향
10, 9	황폐화, 수많은 인명 피해
8, 7	건물 붕괴, 산사태
6	건물 균열, 나뭇가지가 떨어짐
5, 4	창문이 흔들리고 깨짐, 경미한 피해
3	진동이 느껴짐
2, 1	거의 알 수 없음

평년에 일어나는 지진의 횟수:

규모 8 이상 지진
1회

규모 3.1~7.9 지진
145,000회

규모 3 이하 지진
1,300,000회

규모 1이 올라갈 때마다 지구에서 방출되는 에너지는 **32배** 늘어나요.

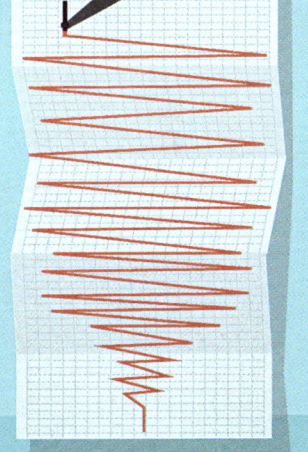

2004년 인도네시아 수마트라에서 발생한 지진은 규모 **9.3**을 기록했어요. 이 지진으로 **200,000명**이 죽음에 이르렀지요.

지진이 발생하는 과정

1. 암석 판으로 이루어진 지각은 아주 천천히 움직여요.
2. 판들이 강하게 부딪히면 땅속의 지각에도 큰 압력이 미치게 돼요.
3. 지각이 갑자기 쪼개지고 미끄러지면서 일으키는 에너지가 땅을 흔들어요.

진앙

위로 올라오는 지각

이 부분이 지진이 시작되는 **진원**이에요. 진원의 위쪽으로 지표면에 진앙이 있어요.

아래로 내려가는 지각

지각이 쪼개지는 부분

76 무엇인가 기억할 때…

기억이 바뀌는 걸 막을 수 없어요.

매 순간 감각에서 얻은 정보를 토대로 새로운 기억이 생겨요. 그런데 뇌가 일을 하는 방법 때문에, 기억을 떠올릴 때 기억 자체를 바꾸지 않고서는 기억할 수가 없어요.

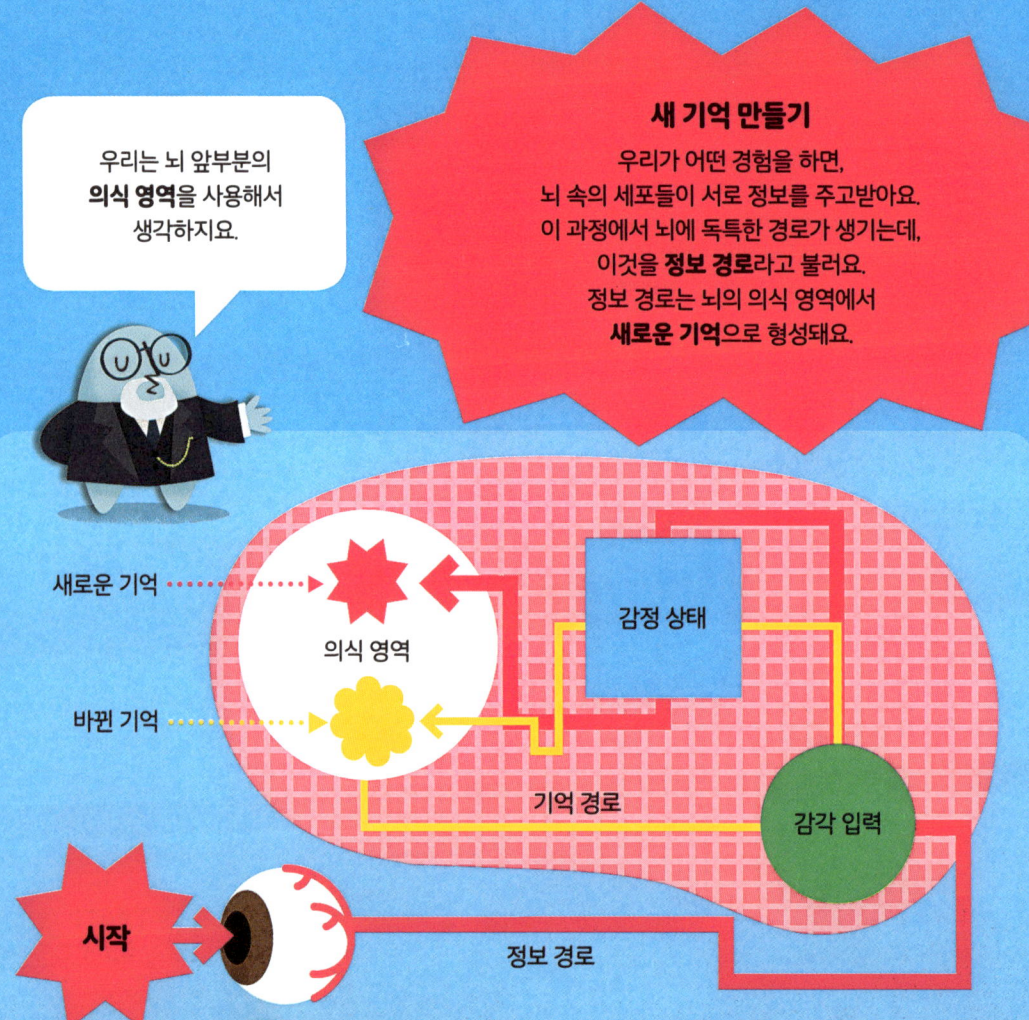

우리는 뇌 앞부분의 **의식 영역**을 사용해서 생각하지요.

새 기억 만들기

우리가 어떤 경험을 하면, 뇌 속의 세포들이 서로 정보를 주고받아요. 이 과정에서 뇌에 독특한 경로가 생기는데, 이것을 **정보 경로**라고 불러요. 정보 경로는 뇌의 의식 영역에서 **새로운 기억**으로 형성돼요.

기억하기

경험을 떠올리려면 뇌의 의식 영역이 **기억 경로**를 만들어요. 이 기억 경로는 원래의 정보 경로를 되짚어 찾아가지요. 하지만 기억 경로가 이전과 다른 곳에서 출발하고…,

감정 상태도 달라서 기억이 뒤섞일 수 있어요. 결국 뇌에서는 **새롭고 아주 약간 변형된 기억**이 만들어지게 돼요.

77 사람의 코는…
최대 1조 가지의 냄새를 구분해요.

우리는 하루에 **20,000번** 이상 호흡해요.
한 번 호흡할 때마다 우리 주변의
필요한 정보가 담긴 향기를 가득 맡지요.

우리의 후각은 불이 났을 때나 가스가 샐 때
위험을 알려 주고, 음식이 안전한지도 알려 줘요.
때로는 날씨를 예측하는 데 도움이 되기도 해요.

모든 사람은 냄새를 가지고 있어요.
유전 정보나 식단에 따라 냄새가 달라요.
마치 사람마다 다른 **지문처럼 고유해요.**

어떤 부모님은 냄새로
자녀들을 구분할 수 있어요.

우리가 맛을 느낄 수 있는 이유도 대부분은
후각 때문이에요. 코가 막히면 어떤 것도
맛이 없게 느껴지는 이유와 같아요.

78 알베르트 아인슈타인은 너무 똑똑해서…

의사가 죽은 아인슈타인의 뇌를 훔쳐갔어요.

아인슈타인은 26세 때, 여가 시간에 물리학을 공부하는 특허 심사관이었어요. 아인슈타인이 시간과 공간의 관계를 설명하면서 물리학의 새로운 갈래인 **양자역학**의 길이 닦였어요.

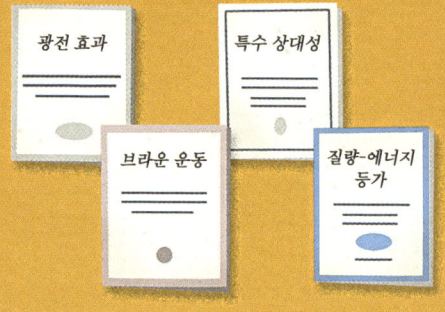

1879년
알베르트 아인슈타인은 독일 울름의 유대 인 가정에서 태어났어요.

1884년
다섯 살 때, 알베르트는 나침반 바늘을 움직이는 '보이지 않는 힘'에 매료됐어요.

1905년
아인슈타인은 1년에 4편의 물리학 논문을 출판했어요. 모두가 우주의 기본 원리를 설명하는 내용이었지요.

1933년
나치의 지배를 피해 영국으로 이주했고, 다시 미국으로 이민을 떠났어요.

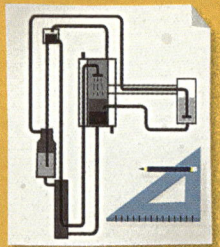

1926년
제자인 레오 실라르드와 함께 새로운 유형의 냉장고를 설계했어요.

1921년
광전 효과를 설명한 논문으로 노벨상을 받았어요.

1939년
아인슈타인은 나치보다 빨리 원자 폭탄을 만들어야 한다고 미국 대통령을 설득했어요.

1955년
76세의 나이로 세상을 떠났어요.

아인슈타인의 바람과 달리, 그의 뇌 일부가 따로 보존됐어요. 과학자들은 아인슈타인의 뇌를 연구해서 천재성과 관련된 부분을 찾으려고 해요.

79 아인슈타인은 세상을 바꿨어요…

E = mc²이라는 공식을 발견했거든요.

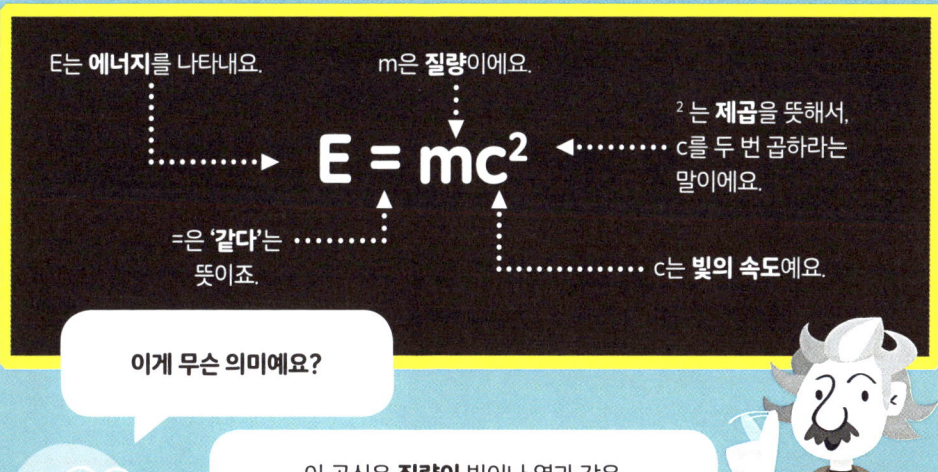

E는 **에너지**를 나타내요.
m은 **질량**이에요.
² 는 **제곱**을 뜻해서, c를 두 번 곱하라는 말이에요.
=은 '**같다**'는 뜻이죠.
c는 **빛의 속도**예요.

이게 무슨 의미예요?

이 공식은 **질량**이 빛이나 열과 같은 **에너지의 다른 형태**라는 뜻이에요. 예전의 과학자들도 이와 같은 관계를 생각했지만 아무도 증명하지는 못했어요.

아인슈타인의 발견을 바탕으로, 유럽 과학자들은 원자를 부순 뒤 원자 질량의 일부를 열로 바꾸는 기계를 개발했어요.

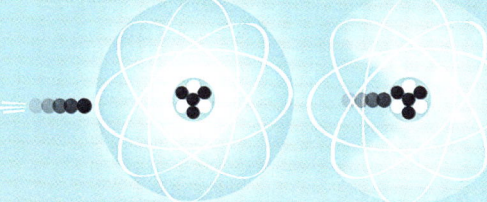

① 원자를 부수는 기계 안에서, 한 원자에서 튀어나온 작은 입자가 다른 원자의 핵을 향해 돌진해요.

② 핵이 분리되면서 아주아주 많은 열을 방출해요.

엔지니어들은 이러한 에너지 분출 원리를 이용해 **핵분열**이라는 세계를 바꿀 만한 기술을 발견했어요.

1945년, 제2차 세계 대전에서 원자 폭탄이 사용됐어요.

1950년대에는 최초의 원자력 발전소가 가동됐어요.

2024년에는 원자력 에너지가 전 세계 전기 사용량의 약 10퍼센트를 차지했어요.

80 순전히 운으로…
대단한 발견을 할 수 있어요.

1945년 미국 엔지니어 **퍼시 스펜서**는 적의 배나 비행기를 찾기 위해 **마이크로파**를 이용한 레이더 기술을 연구했어요.

어느 날, 스펜서는 고효율 마이크로파가 주머니 속의 초콜릿을 녹인 것을 발견했어요.

그래서 마이크로파로 팝콘을 튀겨 보았지요. 그리하여 스펜서의 발견은 오늘날 **전자레인지**에 사용되는 기술로 발전했답니다.

여기 또 다른 예가 있어요.

1964년 천문학자 **아노 펜지어스**와 **로버트 윌슨**은 외계에서 온 낮은 수준의 방사선을 발견했어요. 이 발견은 **빅뱅 이론**을 증명하는 중요한 근거가 됐지요.

> 기회는 준비된 자에게 찾아온다.

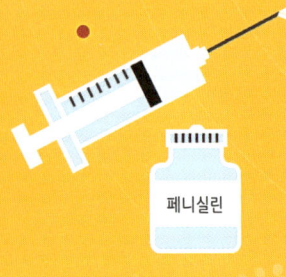

페니실린

1928년 **알렉산더 플레밍**은 오래된 실험 도구에서 곰팡이가 핀 것을 봤어요. 그리고 이 곰팡이에서 **페니실린**의 한 종류를 발견했지요. 페니실린은 이후 약으로 쓰여 수백만 명의 생명을 살렸어요.

파스퇴르

1835년 **프란시스 페팃 스미스**는 **스크루 프로펠러**를 설계했어요. 시험하는 동안 프로펠러가 반으로 쪼개졌는데, 배의 속도는 오히려 더 빨라져서 깜짝 놀랐어요. 그는 즉시 설계를 바꿔 프로펠러의 길이를 반으로 줄여 특허를 냈어요.

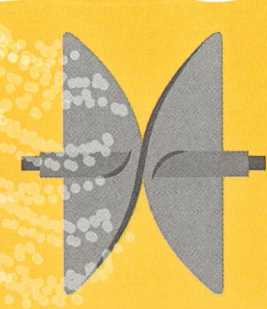

프랑스 과학자 **루이 파스퇴르**는 아주 우연히 몇 개의 발견을 했어요. 그는 좋은 과학자는 뜻밖의 행운에서 중요성을 발견할 수 있다고 말했어요.

81 나비와 벌은…

악어의 눈물을 마셔요.

어떤 곤충은 동물의 눈물을 마셔요. 이렇게 눈물을 마시는 행동을 **래크리파지(lachryphagy)**라 불러요.

왜 눈물을 마실까요?
눈물은 나비와 벌이 주로 먹는 꿀과 꽃가루에는 부족하기 쉬운 무기 영양소를 가득 담고 있기 때문이에요.

예를 들어, 눈물에는 어떤 환경에서는 찾아보기 힘든 필수 미네랄인 소금이 많이 포함되어 있지요.

악어는 먹이를 먹을 때 눈물을 흘려요. 과학자들도 아직은 악어가 왜 눈물을 흘리는지 이해하지 못해요.

82 곤충은 아주아주 많아서…

사람보다 2억 배나 많아요.

곤충이 얼마나 많이 있냐고요? 과학자들은 곤충의 수가 **1.4퀸틸리언**에 이른다고 짐작해요. 즉 **1,400,000,000,000,000,000마리**의 곤충이 지구에 있다는 말이죠.

곤충은 우리가 아는 지구상 생물의 **80퍼센트**를 차지해요.

식물의 종 수보다 딱정벌레의 종 수가 훨씬 많아요.

흰개미 여왕은 하루에 **30,000개**의 알을 낳아요.

곤충은 지구에서 **35억 년** 동안 생존해 왔어요.

83 철로...
우리가 쓰는 금속의 95퍼센트를 만들어요.

철은 철광석이라는 땅속 암석에서 얻을 수 있어요.

철광석

철광석 광산
암석 속에 구멍을 뚫고 폭발물을 가득 채워 터뜨리면 철광석이 떨어져 나와요.

철광석은 크러셔로 옮겨져요.

크러셔
철광석을 작은 조각으로 잘라요.

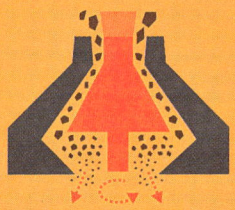

그라인더
철광석 조각들을 갈아 가루로 만들어요.

철광석 가루 | **불순물**

프로세서
자석을 이용해서 자성을 띤 철광석 가루를 불순물과 분리해요.

펠릿 메이커
철광석 가루를 덩어리 상태의 펠릿으로 만들어요.

용광로
펠릿을 탄소, 석회석과 함께 태워요. 이 과정에서 철광석에 든 산소가 빠져나가 순수한 철을 얻을 수 있어요.

트레인
이렇게 얻어진 철은 공장으로 옮겨져요.

공장
철과 탄소를 섞어 강철을 만들어요. 강철은 철보다 훨씬 단단하고 강해요.

강철은 숟가락이나 식기세척기와 같은 가정용 제품부터 다리나 초고층 빌딩을 만드는 데까지 널리 쓰여요.

84 연필과 다이아몬드는…

같은 재료로 만들어져요.

연필심과 다이아몬드는 같은 탄소로 이루어져 있어요.
탄소 원자를 어떻게 배열하느냐에 따라 완전히 다른 물질이 만들어지는 거예요.

다이아몬드
하나의 탄소 원자가 4개의 탄소 원자와 결합해 있어요. 이러한 배열은 결합 구조를 아주 강하게 만들어 줘요.

다이아몬드는 지구에서 가장 단단한 물질 중 하나예요. 산업용 드릴을 만들 때 사용되죠.

흑연
탄소 원자가 층을 이뤄 배열돼요. 탄소층들은 서로 쉽게 미끄러질 수 있어요.

흑연은 연필심을 만드는 데 사용되지요. 연필심은 종이 위에서 스르르 미끄러지며 검은색 흔적을 남겨요.

그래핀
흑연의 한 층을 가리켜요. 탄소 원자 한 개만큼의 두께라서 아주 얇지만 아주 강하고 유연하며 가벼워요.

그래핀은 2004년에 개발된 신소재예요.

과학자들은 미래에 그래핀으로 다양한 물건을 만들 수 있다고 생각해요. 휘어지는 스마트폰 화면과 같은 제품을 말이에요.

85 다이아몬드 비가 내릴지도 몰라요…

목성에서라면 가능해요.

목성은 **기체**로 이루어진 거대한 행성으로, 단단한 핵 주변을 기체가 감싼 형태예요. 목성 대기의 기온과 압력은 매우 높아서 **액체 다이아몬드**가 만들어질 수 있어요.

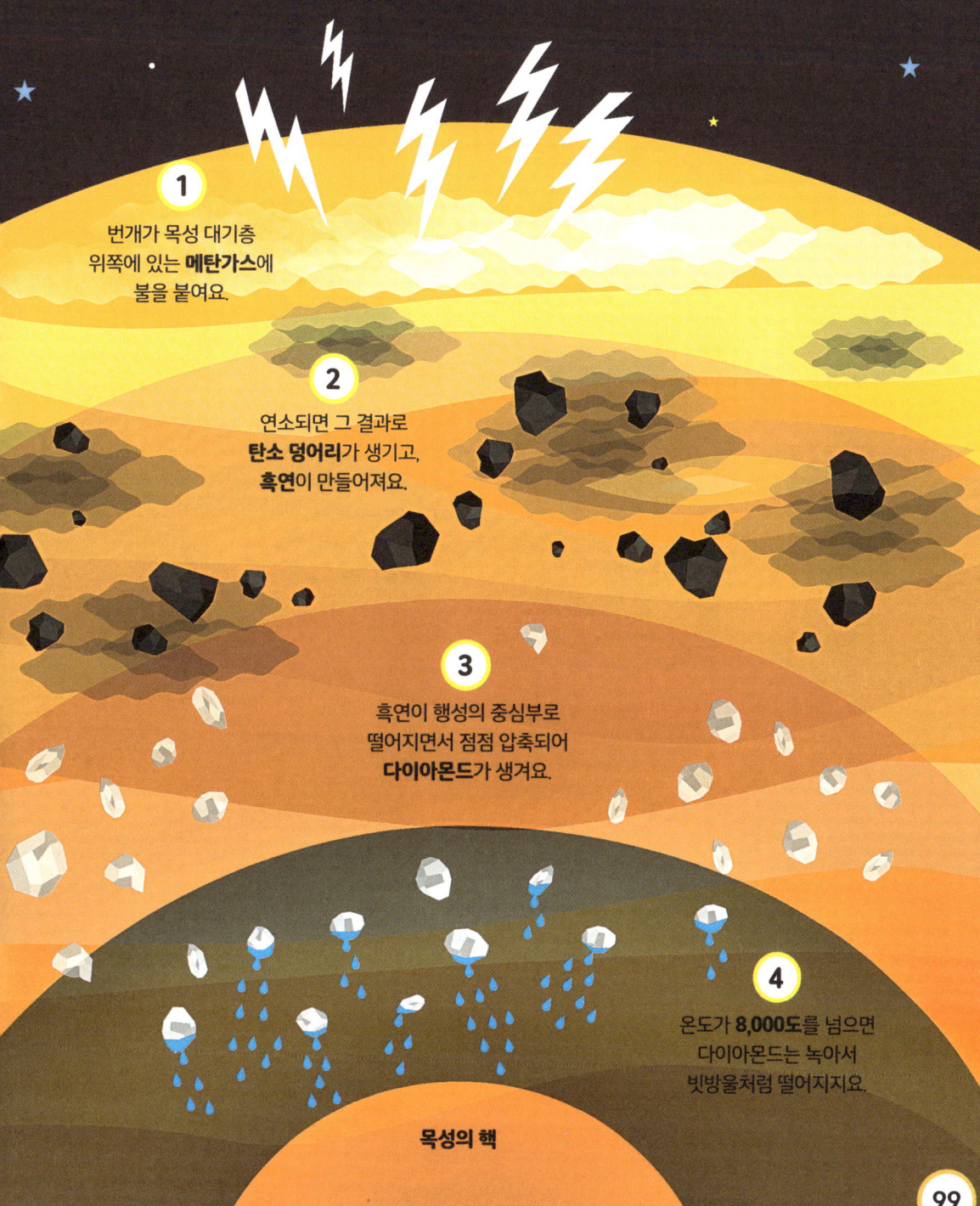

1. 번개가 목성 대기층 위쪽에 있는 **메탄가스**에 불을 붙여요.

2. 연소되면 그 결과로 **탄소 덩어리**가 생기고, **흑연**이 만들어져요.

3. 흑연이 행성의 중심부로 떨어지면서 점점 압축되어 **다이아몬드**가 생겨요.

4. 온도가 **8,000도**를 넘으면 다이아몬드는 녹아서 빗방울처럼 떨어지지요.

목성의 핵

86 19세기 빅토리아 시대의 과학자는…

증기 기관이 달린 기계식 컴퓨터를 설계했어요.

프로그래밍이 가능한 최초의 컴퓨터는 '해석 기관'이라고 불렸어요.
영국의 수학자 찰스 배비지가 19세기에 설계한 것이었지요.
안타깝게도 이 컴퓨터는 완성되지 못했어요.

해석 기관을 만드는 데
수만 개의 금속 톱니와 바퀴,
너트와 볼트가 필요했어요.
높이 4미터, 너비 6미터에 이를 만큼
커다란 장치였기 때문이에요.

해석 기관은 현대의 컴퓨터처럼
복잡한 수식을 계산하려고 고안됐어요.
처리 장치와 **저장 장치**를 구분하고
데이터를 입력하면 결과가 나오도록
설계됐지요.

이 그림은 해석 기관을 만들기 위한
계획서의 일부를 그린 거예요.

해석 기관을
옆에서 보면
이런 식으로
보였을 거예요.

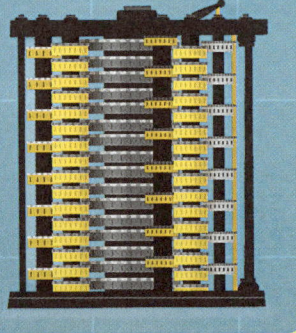

증기 기관은 해석 기관을 작동시키는
무거운 기어와 바퀴를 움직이는 데
쓰였을 거예요.

해석 기관은 어디에 쓰일 수 있었을까요?

당시에 **천문학자**와 **항해사**, **엔지니어들**은 계산의 결과가 표로 정리된 책을 활용했어요. 하지만 사람이 일일이 계산한 결과였기 때문에 계산이 틀린 경우가 많았어요. 해석 기관이 완성됐다면 아주 빠르고 정확하게 계산해 냈을 거예요.

배비지는 평생에 걸쳐 해석 기관을 만들었어요. 죽는 순간까지도 설계를 보완했다고 하지요.

87 최초의 컴퓨터 프로그래머는…

영국의 어느 백작 부인이었어요.

러브레이스 백작 부인으로 알려진 오거스타 에이다 킹은 열정적인 아마추어 과학자였어요. 에이다는 해석 기관의 가능성을 단번에 알아차렸어요.

해석 기관은 구멍이 뚫린 카드를 이용해 프로그래밍하도록 설계됐어요. 1843년, 에이다는 구멍 뚫린 카드를 이용해 간단한 프로그램을 만들었어요.

해석 기관이 완성됐다면, 에이다가 만든 프로그램으로 **베르누이 수**라고 알려진 복잡한 수열을 계산할 수 있었을 거예요.

에이다의 프로그램은 최초의 컴퓨터 프로그램으로 인정받아요.

88 일각고래는…

해양학자들을 도와줘요.

온도 센서를 몸에 부착한 일각고래는 북극해를 헤엄쳐 다니면서 해양학자들에게 새로운 데이터를 제공해요.

해양학자들은 해양을 연구해요. 오랜기간 기후변화로 따뜻해진 해양의 온도를 추적해 왔지요….

…하지만 북극의 두꺼운 빙하 아래 바다의 온도를 측정하는 일은 무척 어렵고 비용이 많이 들었어요. 그래서 2006년과 2007년에 과학자들이 새로운 방법을 써 봤어요.

1 과학자들이 **일각고래 14마리**에게 온도 센서를 붙였어요. 일각고래가 빙하 아래서 헤엄치며 움직이는 동안 센서는 바닷물의 깊이와 온도 정보를 수집해서 보내 주었지요.

센서

2 온도 센서가 보내온 데이터는 북극해가 예측보다 훨씬 빨리 더워지고 있다는 것을 증명했어요.

3 6~7개월이 지나자 센서는 일각고래에게 아무런 해를 끼치지 않고 저절로 떨어졌어요.

일각고래는 규칙적으로 다이빙을 해요. 해수면에서 **1.7킬로미터** 깊이까지 오르내리지요.

수컷 일각고래는 아주 긴 치아를 가져요. **엄니**라고도 부르죠. 일각고래 수컷은 이 엄니를 이용해 암컷을 유혹하고, 다른 수컷과 경쟁해요.

89 태양은…

태양계 물질의 99.8퍼센트를 만들어요.

태양은 태양계의 중심이 되는 항성이에요. 아주 거대한 구 모양을 갖추었지요.
태양의 타오르는 물질은 수억 킬로미터 떨어진 먼 우주까지 열과 빛을 내보내요.

태양의 지름은 **140만 킬로미터**에 달해요.
내부에 지구 130만 개가 들어가고도 남을 크기죠.

태양을 이루는 물질:

- **74%** 수소
- **25%** 헬륨
- **1%** 기타

사람이 탑승하지 않은 무인 우주선이 태양 주변의 궤도를 돌고 있어요. 하지만 태양이 너무 뜨겁기 때문에 태양 표면에서 약 **4,000만 킬로미터** 떨어진 곳까지만 접근할 수 있어요.

열 차폐*

태양전지판은 동력을 공급해요.

정보를 수집하고 우주의 사진을 지구로 전송해요.

지구는 태양으로부터
1억 5,000만 킬로미터 떨어져 있어요.

태양 표면의 온도는
최소 **5,500도**에 달해요.

이 열은 태양의 핵에서 발생하는데, 핵 부분의 온도는
1,500만 도에 이른답니다.

*열 차폐: 열로부터 우주선을 보호하기 위한 장치예요.

90 살아 있는 나무는…

사실 거의 죽어 있어요.

나무의 **99퍼센트**는 죽은 세포로 이루어져요.
잎이나 눈, 뿌리 끝, 나무껍질 아래의 아주 얇은 층만이 실제로 살아 있지요.

나무껍질 아래에는 세포 한두 개의 두께만 한
아주 얇은 층이 있어요. 살아 있는 세포로
구성된 이 층은 **형성층(부름켜)**이에요.
나무가 생존하는 데 꼭 필요한 부분이지요.

형성층은 바깥쪽으로 **체관부**를 만들어요.
체관은 영양분을 잎에서 뿌리까지 이동시켜요.

형성층의 안쪽에는 **물관부**가
있어요. 죽은 세포로 구성된
물관을 통해 뿌리에서 잎까지
수분이 이동해요.

나무껍질
형성층
목재

체관부
형성층
물관부

해마다 나무의 형성층은 새로운 체관부와 물관부를
만들어요. 오래된 체관부는 나무껍질로 바뀌고,
물관부는 나이테가 되지요.

나이테를 세면 나무의 나이를 알 수 있어요.

91 붓꼬리나무두더지는…

매일 밤 술을 마셔요.

말레이시아의 붓꼬리나무두더지는 하룻밤에 두 시간씩 버탐야자나무의 달콤한 주스와 꿀을 홀짝홀짝 마셔요.

딱딱한 목질의 버탐야자나무꽃이 꿀을 만들면 자연 효모가 이 꿀을 발효시켜 주스를 만들어요. 알코올 함량이 3.8퍼센트로 맥주만큼 높아요.

붓꼬리나무두더지가 꽃과 꽃 사이를 날쌔게 움직이는 동안 야자나무의 수분을 도와요.

붓꼬리나무두더지는 크기가 작은 쥐와 비슷해요. 몸집이 작지만 절대 취하지 않아요. 몸에서 알코올을 빠르게 분해할 수 있기 때문이에요.

92 우주의 암석은…

언제나 지구로 떨어져요.

우주에 떠 있는 암석을 **'소행성'**이라 불러요. 폭이 1미터에서 1000킬로미터까지 다양해요.

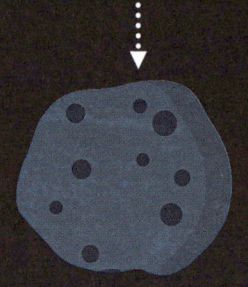

우주에 떠 있는 아주 작은 암석을 **'유성체'**라 불러요. 최대 폭은 1미터예요.

소행성과 유성체가 대기권을 통과할 때 공기와 마찰이 생겨 불이 붙어요. 이처럼 불타는 암석을 **유성** 또는 **별똥별**이라고 부르죠.

지구로 떨어지는 유성의 큰 조각을 **운석**이라고 해요.

매일 버스 한 대를 채울 정도의 유성 부스러기가 지구로 떨어져요.

93 지구의…

무게가 계속 줄어들어요.

지구 대기에서 **90,000톤**의 기체가 매년 우주로 사라지고 있어요. 항공 모함 한 대의 무게와 같은 양이에요.

지구의 대기는 여러 가지 기체의 혼합물이에요.

가장 가벼운 수소와 헬륨 기체는 서서히 대기의 바깥쪽으로 이동해요…

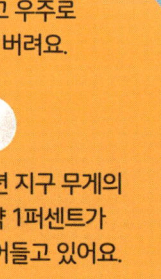

…그리고 우주로 날아가 버려요.

헬륨 풍선의 바람이 빠져서 공기 중으로 날아간 헬륨 기체는 결국에는 우주에 닿을 거예요.

매년 지구 무게의 약 1퍼센트가 줄어들고 있어요.

수소

헬륨

106

94 수많은 발명은...
자연을 관찰하다 우연히 시작됐어요.

끈끈한 비밀
스위스 발명가인 **게오르그 데 메스트랄**은 산책을 하다 개의 몸에 끈끈한 가시가 잔뜩 붙은 것을 발견했어요.

가시를 자세히 관찰해 보았더니 잘 달라붙는 비밀을 알게 됐지요. 수백 개의 작은 갈고리들이 가시에 나 있어서 끈끈한 거였어요.

메스트랄은 가시의 갈고리를 본따 두 장의 천으로 이루어진 **벨크로®**를 만들었어요. 한쪽에는 갈고리들이, 다른 한쪽에는 작은 고리가 빽빽하게 덮여 있어서 서로 잘 달라붙었어요.

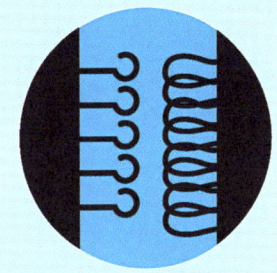

태양열 발전
식물은 햇빛을 에너지로 바꾸는 **광합성**을 하기 때문에 자랄 수 있어요.

태양전지판은 사람이 만든 **반도체**를 이용해 햇빛을 전기 에너지로 전환해요.

발명가들은 반도체와 광합성을 할 수 있는 **박테리아**를 결합해 새로운 태양전지판을 개발하고 있어요.

물 모으는 장치
아프리카 나미브 사막의 딱정벌레는 **울퉁불퉁한 껍질**에 아침 이슬을 모아요.

미국 엔지니어들은 이 딱정벌레의 모양을 본따 플라스틱으로 작은 돔을 만들었어요.

이 돔은 휴대용 이슬 수집 장비로 쓰여요. 건조한 지역의 사람들이 마실 물을 손쉽게 얻을 수 있게 도와주지요.

95 난수는…

언제나 무작위*가 아니에요.

난수는 비밀 코드를 만들거나 복권 추첨에 사용되는 등 많은 곳에 활용돼요.
진짜 난수를 만드는 일은 꽤 어렵답니다.

*무작위: 아무런 규칙이 없이 임의로 나타나는 현상이에요.

본래 무작위로 나열되어 예측 가능한 패턴을
발견할 수 없는 숫자가 바로 난수예요.

주사위 굴리기는 난수를 만들기 쉬운 방법이에요.
하지만 많은 수를 한꺼번에 만들기에는 너무 느려요.

컴퓨터는 아주 빠르게
수많은 난수를 만들어요.

하지만 컴퓨터는 특별한 규칙을 따라
난수를 만들어요. 난수를 무작위로
만들지 않기 때문에 컴퓨터가
만든 난수는 완전한 무작위가
아니지요. 다음의 수를 예측하는
것이 가능할 수도 있어요.

비밀 유지하기

이메일이나 온라인 정보의 보안을 유지하는 데
난수로 만든 비밀 코드를 사용해요.

난수의 규칙을 발견하기 쉬울수록
해커가 비밀 코드를 풀어내기 쉽지요.

난수를 만드는 가장 빠른 방법은 자연계에서 일어나는 일을 기록한 자료를 컴퓨터에 입력하는 거예요.
자연은 완전히 **무질서**해서 **예측하기 어렵거든요.** 과학자들은 다음과 같은 방법을 써 봤어요.

방사성 물질을 붕괴시킬 때
나오는 입자 수를 세요.

번개가 칠 때 라디오의 잡음의
변화를 측정해요.

라바 램프가 시시각각
바뀌는 모양을 기록해요.

96 가장 검은 검은색은…

과학자들이 우주를 더 깊숙이 볼 수 있게 도와줘요.

우리가 볼 수 있는 물체는 빛의 일부를 반사해서 색을 내요.
과학자들은 빛의 **0.04퍼센트**만을 반사시키는 아주 검은 물질을 발명했어요.
이 물질로 코팅된 물체는 아무런 질감을 가지지 않아요.
마치 텅 비어 있는 우주나 블랙홀 같지요.

아주 검은 물질은 금속판 위에 **탄소 나노 튜브**
(속이 비어 있는 미세한 탄소 가닥)를
배열해서 만들었어요.

나노 튜브는 사람의 머리카락보다
10,000배 가늘어요.

나노 튜브로 아주 빽빽한
카펫을 만들어 빛을 쏘이면,
빛이 반사되는 대신에
이 카펫에 흡수되어 갇히지요.

천문학자들은 이 검은 물질을 **우주 망원경**
속에 들어가는 막을 만드는 데 써요.
예민한 빛 센서에 다른 빛이 뿌려지는 것을
막아 먼 곳에 위치한 천체를 더 깨끗하게
볼 수 있기 때문이지요.

자연계에서도 이와 비슷한 표면을 찾을 수 있어요.
가분구덩이독사의 비늘에는 미세한 돌기가
나 있어서 빛을 흡수해 주변 환경에
완전히 몸을 숨길 수 있지요.

97 가장 시끄러운 산호초가…

가장 건강한 산호초예요.

해양 생물의 약 **4분의 1**은 산호초에서 살아요.
과학자들은 가장 시끄러운 산호초에서 더 많은 생물들이 살고, 건강한 산호가 자라며, 새로운 생물이 더 잘 모여든다는 사실을 발견했어요.

물고기들은 다양한 소리를 내요.
그르렁거리거나 **쿵** 소리를 내기도 하고,
쩡쩡 갈라지는 소리를 내기도 하죠.

새우는 떼를 지어 **펑** 하는 소리나
딱 하는 소리를 내요.

산호초의 소음은 물속에서
수 킬로미터까지 퍼져요.

먼 난바다에서 사는 새끼 물고기와
새우, 게들이 건강한 산호초의 소리를
듣게 되면, 미래에 그 지역을 서식지로
삼을 가능성이 높아져요.

성게는 서로 부딪치면서 가시에서
탁탁거리는 소리를 내요.

앵무고기는 딱딱한 산호를 입에
한가득 물고 **으드득** 갈아 먹어요.

기후 변화와 지나친 어획으로
산호초 역시 심각한 위기에 처했어요.
과학자들은 전 세계 산호초의 소리를
듣고 건강 상태를 점검하려고 해요.

98 우리는 생각보다…

더 늙었어요.

나를 자라나게 한 어머니의 난자는, 어머니가 할머니 자궁에 있을 때 이미 만들어져 있었어요.

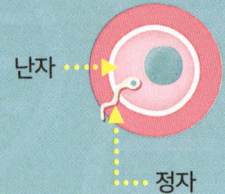
난자
정자

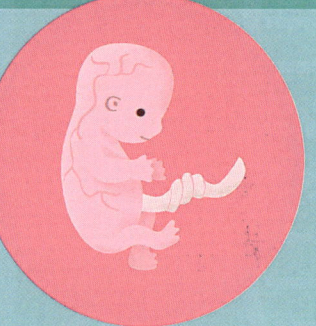

아버지의 정자가
어머니의 난자에 수정되면
아기가 생겨요.
수정이 일어난 세포를
접합자라 불러요.

접합자는 계속
세포 분열을 거듭해
새로운 세포들을
만들어요.
이를 **배아**라고 해요.

세포들은 끊임없이
분열하고 성장해요.
8주가 흐른 뒤에는 팔다리와
필수 기관들이 만들어져요.
이제 **태아**가 된 거예요.

태아는 어머니 자궁 속에서
28주 더 성장해요….

…마침내 때가 되면
아기가 태어나죠.

**모든 여성의 난자는
태아일 때 만들어져요.**

반대로 남성의 정자는
성숙해지고 나면
평생 만들어져요.

그래서 나의 일부분이
어머니가 태어나기도 전에
생겼다고 말할 수 있어요.

99 한 장의 순수한 금은…

투명해 보일 정도로 얇을 수 있어요.

순수한 금은 아주 부드러워서 맨손으로도 휠 수 있어요. 또한 금은 한껏 늘어나요.
부수거나 찢지 않고서 아주아주 얇게 펼 수 있지요.

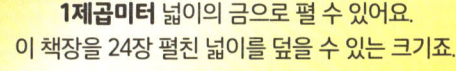
쌀 한 톨 크기의 금은…

1제곱미터 넓이의 금으로 펼 수 있어요.
이 책장을 24장 펼친 넓이를 덮을 수 있는 크기죠.

이렇게 얇게 편 한 장의 금을 **금박**이라고 불러요. 오래전부터
책이나 그림, 동상과 건물 표면 등을 꾸미는 데 사용해 왔죠.

금은 빛을 통과시킬 만큼 얇게
만들 수 있어요. 천문학자들에게
아주 유용한 재료예요.

태양열로부터 우주인을 보호하는 헬멧의 얼굴 가리개에는
0.00005밀리미터 두께의 금이 사용돼요.

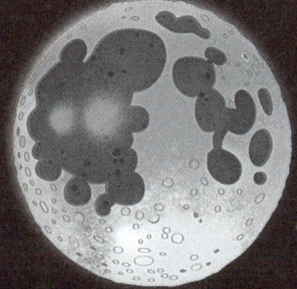

금으로 보호한 얼굴 가리개는 뜨거운 태양 적외선을
반사시켜요. 하지만 우주인이 외부를 볼 수 있도록
녹색광과 청색광은 통과시켜 주지요.

100 인터넷은…

수억 킬로미터의 케이블로 이어졌어요.

인터넷은 사람들이 정보를 공유하는 네트워크를 의미해요. 최초의 인터넷인 **아르파넷**은 1969년에 개발됐어요.

전 세계의 **10명 중 6명**은 인터넷을 사용하고 있어요.

인터넷의 속도는 초당 메가비트(Mbps)로 측정돼요. 2019년에 **대한민국**의 인터넷 속도는 평균 **50Mbps** 정도로 세계에서 가장 빠른 편이었어요.

9억 킬로미터에 이르는 케이블이 바다 밑에 설치되어 있어요. 이 해저 케이블을 통해 데이터는 눈 깜짝할 사이에 전 세계 어디로든 옮겨갈 수 있답니다.

2018년까지는 인터넷에 연결된 기기가 최소 **220억 개**가 넘었어요. 78억 정도인 전 세계 인구의 **3배**에 가까운 숫자이지요.

발명가들은 인터넷에 접속할 수 있는 새로운 기기를 만들어 내고 있어요. 몇 년 후에는 **750억 개 이상의 기기**가 인터넷에 접속할 거예요.

낱말 풀이

지금부터 이 책에 실린 몇몇 용어들의 뜻을 간단히 설명하려고 해요.
*이탤릭체*로 표시된 낱말은 풀이가 따로 실려 있으니 찾아보세요.
과학 분류에 대한 설명이 궁금하다면 119쪽을 살펴보세요.

고도 어떤 물체나 장소가 해수면으로부터 떨어진 높이.

공기 저항성 물체가 공기 중에서 움직이면서 발생하는 *마찰력*.

관측 가능한 우주 사람이 지구에서 기구를 통해 볼 수 있는 우주의 아주 작은 부분.

광합성 식물이 햇빛을 *에너지*로 바꾸는 방법.

군체 여러 생물 개체가 모여 살고 협동하는 것. 때로는 하나의 개체로 생존할 수 없다.

궤도 우주에서 더 큰 천체 주변을 도는 것.

균계 생물을 분류하는 5계 중 하나.

기초 건물이나 다른 구조물의 일부로 땅 속에 설치돼 지지하는 부분.

기후 변화 지구의 연평균 기온이 시간에 따라 점차 변화하는 현상.

나노 튜브 원자 몇 개의 너비만 한 가느다란 관.

나사(NASA) 미국 항공 우주국. 우주 탐사와 연구를 담당하는 미국의 정부 기관이다.

남극 지구의 남극점을 중심으로 한 주변의 빙하 지역.

노벨상 매년 *물리*, *화학*과 *의학*을 포함한 분야에 주어지는 상.

뉴런 뇌와 척수에 있는 세포의 한 종류. 서로 정보를 전달한다.

단백질 영양소의 한 형태. 다양한 몸속 조직을 만든다.

단층 지구 지각이 분리된 지형. 서로를 향해 힘을 가해 지진을 일으킨다.

달(위성) 행성 궤도를 도는 커다란 암석.

대기 지구나 다른 행성을 둘러싼 기체 혼합물.

데이터 컴퓨터에 저장되는 정보.

도구 어떤 물체를 움직이거나 방향을 바꿀 때 드는 힘의 총량을 줄이거나 방향을 바꾸는 기기.

레이더 전파를 보내 돌아오는 파동을 분석해 특정 지역을 탐지하는 기술.

레이저 아주 강한 빛을 가진 빛줄기.

마이크로파 방사선의 한 종류로, 물이나 다른 분자를 진동하게 해 뜨겁게 데울 수 있다.

마찰 두 물체가 서로 부딪쳐 문지를 때 발생하는 힘.

멸종 어떤 종의 마지막 개체가 죽어 사라지는 현상.

무척추동물 곤충과 같이 척추가 없는 동물의 한 분류.

미생물 박테리아와 같이 미세한 생물체.

박테리아 원핵생물의 한 종류로 몇 개의 *세포* 크기. 다른 생물의 몸속에서 생존한다.

반구 구의 반쪽. 지구의 북반구나 남반구를 가리키기도 한다.

방사능 어떤 물질의 원자들이 붕괴하면서 해로운 방사선을 방출하는 것.

방사선 특정 물질에서 방출되는 열과 빛 등 *에너지* 입자.

복제(클론) 생명을 똑같이 만들어 내는 것.

북극 지구의 북극점을 중심으로 한 주변의 빙하 지역.

분자 두 개 이상의 *원자*가 결합한 것. 대부분 물질은 분자로 이루어진다.

분출 땅 밑에서 마그마가 분출되는 현상. 기존 화산의 활동이나 새로운 화산의 생성 과정에서 일어난다.

불멸 생물이 자연적 요인으로 죽지 않는 현상.

빅뱅 우주가 아주 작은 점에서 발생한 물질에서 어떻게 발생하고 빠르게 확장했는지 설명하는 이론.

산 물에 용해되는 물질로 다른 물질을 부식시키고 신맛이 난다. 염기와 화학적으로 반대이다.

생물 살아 있는 모든 것.

서식지 생물이 살 수 있는 어떤 특정한 환경.

석회암 빗물에 용해될 수 있는 암석의 한 종류. 종유굴(석회 동굴)을 형성하기도 한다.

세포 생명의 기본 단위.

압력 한 물체가 다른 물체를 밀 때 표면에 발생하는 힘.

에너지 물체가 일을 하도록 하는 힘. 열, 빛, 소리, 움직임과 전기 모두 *에너지*의 한 형태이다.

염기 물에 용해되는 물질로 다른 물질을 부식시키고 쓴맛이 난다. 산과 화학적으로 반대이다.

영양소 생물이 흡수하는 음식과 음료의 일부. 생명을 유지하도록 한다.

영장목 포유류 중 유인원, 원숭이와 인류를 포함하는 분류.

오존 성층권에 존재하는 기체. 산소 *원소* 세 개가 결합한 분자이고, 냄새가 난다.

옥틸리언 1,000,000,000,000,000,000,000,000,000

용해 고체 물질이 액체에 완전히 섞여 더 이상 보이지 않게 되는 현상.

우주 시간과 공간에 존재하는 모든 것.

우주 정거장 우주에서 사람이 살고 일할 수 있게 설계해서 만든 공간.

원생생물 여러 개의 *세포*로 이루어진 아주 작은 생물을 가리키는 분류.

원소 한 종류의 *원자*로 이루어진 물질.

원자 놀랍도록 작은 입자로 원소의 가장 작은 기본 단위.

원자 구조물 우리 눈에 보이는 *원자*로 이루어진 물질.

원자력 발전 방사성 물질이 붕괴할 때 발생하는 열을 이용해 전기를 생산하는 방식.

원자의 구성 입자 중성자, 양성자, 전자 등 원자를 이루는 입자.

원핵생물 가장 오래된 형태로 알려진 생물을 가리키는 분류. 때로는 하나의 *세포*로 구성된다.

위축 살아 있는 조직이 쇠약해지거나 떨어져 나올 때 나타나는 현상.

유전자 크기와 같은 생물의 특징이나 기능을 결정하는 유전 정보를 전달하는 *DNA*를 담고 있다.

은하 중심 주변 궤도를 도는 수십 억 개 항성의 무리.

응결 기체가 차가워져 액체로 변하는 현상.

이론 어떤 현상이나 작동 원리에 대한 과학적인 아이디어나 설명. 증거나 반복적인 실험을 통해 입증된다.

인장력 어떤 물체의 한 면 이상을 당길 때 물체에 가해지는 힘.

자기장 자석 주변에 형성되는 공간. 주변의 물체가 자석의 힘에 영향을 받게 된다.

자석 특정한 금속을 끌어당기는 금속체.

자연 선택 서식지에 성공적으로 적응한 생물로부터 새로운 종이 진화하는 과정.

자외선 빛의 한 종류로 눈에 보이지 않고 유해할 수 있다.

적도 지구의 중앙을 표시한 가상의 선. 북쪽과 남쪽의 반구를 나눈다.

적외선 빛의 일종으로 빨간색보다 적은 *에너지*를 가진다. 보이지 않고 유해하지도 않다.

전기 전자가 물체를 통해 전달하는 *에너지*의 흐름. 기계의 동력을 제공한다.

전자 *원자*의 구성 입자로 핵 주변을 둘러싼 구름에 있다. 전자가 모이면 전기의 흐름과 같은 효과가 발생한다.

정전기 어떤 물체의 *원자*가 전자를 얻거나 잃어서 만들어진 상태.

조직 생물의 근육이나 뼈와 같은 기관을 이루는 단위.

종 서로 짝짓기 하여 새끼를 낳을 수 있는 생물의 무리.

중력 서로 다른 두 물체가 서로 당기고 있는 *힘*. 지구와 태양이 떨어지지 않고 궤도를 유지하는 힘도 중력의 일종이다.

중성 어떤 물질의 *pH* 값이 7일 때 중성이다.

중성자 *원자*의 핵에서 찾을 수 있는 원자의 구성 입자. 전하를 띠지 않는다.

증류 끓여서 섞여 있는 서로 다른 물질을 분리하는 방법.

증발 끓이지 않고 액체가 기체로 변하는 현상.

지각 지구와 같은 행성의 단단한 표면층.

지구 온난화 지구의 연평균 온도가 점차 오르는 현상.

지진 땅을 통해 흘러나오는 *에너지*의 진동. 땅과 땅 위의 것을 강하게 흔든다.

진화 세대에 따라 생물이 점차적으로 변하는 현상. 새로운 종을 만든다.

질량 물체에 포함된 물질의 양. 장소나 상태에 따라 달라지지 않는 고유의 양이다.

척추동물 새나 물고기, 포유류와 같이 척추를 가진 동물의 분류.

컴퓨터 데이터를 처리하는 전자 기기. 때로는 사람을 가리킨다.

퀸틸리언 1,000,000,000,000,000,000

크레이터 행성이나 달 표면에 유성이 부딪쳐 발생하는 구덩이.

탐사선 우주와 같이 새로운 곳을 탐사하기 위해 보내는 기구.

태양계 태양 주변을 도는 행성, 달, 소행성의 무리.

태양열 발전 햇빛의 *에너지*를 전기로 바꾸는 기술.

포식자 다른 동물을 사냥하고 죽여서 먹는 동물.

포유류 척추동물의 한 종류로 털과 따뜻한 혈액을 가지고 새끼에게 젖을 먹임.

피스톤 앞뒤로 움직이는 막대. 밀고 당기는 *힘*을 발생시킨다.

항성 우주에 있는 거대한 천체. 끊임없이 내부의 원자핵을 융합시켜 많은 *에너지*를 얻어 오랫동안 열과 빛을 발산한다.

핵(행성) 행성과 같은 몸체의 중심이 되는 부분.

핵(세포) 세포에서 *DNA*를 포함하는 부분. 세포의 기능을 조절한다.

핵(원자) 원자의 중심 부분.

핵분열 원자의 핵이 분열하는 현상.

핵폭탄 방사성 물질로 만들어진 폭탄. 원자핵이 분열하며 폭발한다.

행성 항성 주변의 궤도를 도는 아주 큰 천체.

혜성 얼음과 먼지로 구성된 천체 구조물로 항성 주변의 *궤도*를 돈다.

화산 지구 지각이나 산 내부에서 마그마가 폭발하면서 생긴 구멍. 식은 용암으로 형성된다.

화석 연료 *에너지*를 공급하는 물질. 원유와 같이 오래전 죽은 생물체로부터 얻는다.

힘 어떤 물체의 운동이나 상태를 변화시키는 작용.

DNA 세포에 존재하는 거대한 분자. 생물체를 만드는 명령을 담는다.

ESA 우주 탐사에 기여하는 유럽의 우주 기관.

pH(피에이치) 용액의 수소 이온 농도를 나타내는 지표로, 산성과 염기성 정도를 표현한다.

과학의 분류

'과학'은 단 하나의 연구 분야가 아니에요. 과학자는 아주 세부적인 분야에서 전문적인 연구를 하기 전에 공통 과학 이론을 공부해요.

고생물학
오래전 지구에 살았던 생물을 연구해요.

공학
구조나 도구를 설계하고 만들어요.

기계 공학
새로운 기계를 만들어요.

동물학
동물을 연구해요.

물리학
세계가 어떻게 작동하는지 연구해요. 특히 힘과 에너지의 작용에 대해 공부하죠.

미생물학
하나 혹은 몇 개의 세포로 이루어진 작은 생물에 대해 연구해요.

생물학
생명에 대해 연구해요.

생화학
생명의 화학 작용을 연구해요. 특히 사람 몸속에서 일어나는 일을 연구하죠.

식물학
식물을 연구해요.

우주론
우주가 어떻게 시작되고, 어떻게 끝날지 연구해요.

유전학
유전자가 생물에 어떤 영향을 주는지 연구해요.

의학
사람의 몸이 어떻게 작동하는지 연구해요.

지질학
지구에 대해 연구해요. 특히 암석에 대해 공부하죠.

진화생물학
생물체가 시간에 따라 어떻게 변해 왔는지 연구해요.

천문학
우주 공간을 연구해요.

천체 물리학
별들이 어떻게 작동하는지 연구해요.

해양학
전 세계 바다와 해양 생물을 연구해요.

핵물리학
원자의 구성 입자에 대해 연구해요.

화학
물질이 어떻게 작동하고 구성됐는지, 무슨 일을 할 수 있는지 연구해요.

화학 공학
새로운 물질을 만들어요.

근현대의 과학적 발견

인류는 항상 주변의 세계를 연구해 왔어요. 아래 연대표들을 통해 근대 이후의 중요한 몇 가지 과학적 발견을 만나 보세요. 17세기 초, 이탈리아 천문학자 갈릴레오 갈릴레이가 새로운 발명품인 망원경을 이용해 우주를 관찰했고, 그 결과 지구에 대한 생각을 완전히 바꾸어 놓았어요.

1600년대
갈릴레오는 우주를 관측해 지구가 태양 주변을 돈다는 사실을 확인했어요.

1665년
영국 생리학자 로버트 훅은 현미경을 이용해 세포의 존재를 발견했어요.

1676년
네덜란드 렌즈 제작자인 안톤 판 레이우엔훅은 미생물이 사람 몸속에도 있다는 사실을 밝혔어요.

1778년
프랑스 화학자 앙투안 라부아지에는 산소가 불의 원인이라는 것을 증명했어요.

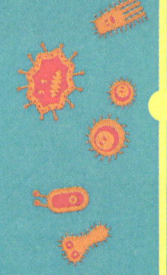

1785년
스코틀랜드 지질학자인 제임스 허턴은 암석의 형성 과정을 연구해 지구의 나이는 적어도 수백만 년에 이른다는 사실을 증명했어요.

1827년
스코틀랜드 식물학자인 로버트 브라운은 물에 든 꽃가루가 불규칙하게 움직이는 것을 관찰했어요. 원자의 존재를 입증하는 첫 번째 증거였지요.

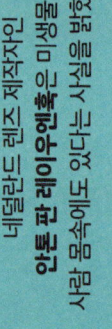

1856년
세계 최초의 정유 공장이 루마니아에 세워졌어요.

1926년
스코틀랜드 발명가 존 로기 베어드는 세계 최초로 텔레비전을 만들었어요.

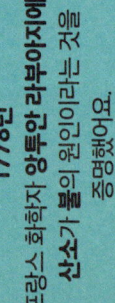

1930년대
오스트리아 물리학자 리제 마이트너와 독일 화학자 오토 한은 원자를 쪼개기 위해 활동했어요.

1944년
독일에서 인류 최초로 우주로 발사하는 로켓 V-2를 만들었어요.

1959년
러시아 우주선이 달 주위를 돌며 지구에서 볼 수 없는 달의 뒷면을 촬영했어요.

1960년
잠수정 트리에스테호는 역사상 가장 깊은 바다를 탐사했어요.

1991년
영국 컴퓨터 과학자 팀 버너스 리는 월드 와이드 웹을 공개했어요.

1996년
중국 고생물학자들이 공룡이 날개를 가졌다는 확실한 증거를 최초로 발견했어요.

2012년
나사(NASA)가 쏘아 올린 보이저 1호가 태양계를 벗어났어요.

2014년
ESA의 우주선 로제타호가 10년간의 여정을 마치고 혜성에 착륙했어요.

찾아보기

ㄱ

가니메데 88
가분구덩이독사 109
갈릴레오 120
개구리 37
개체 수 56
거대 버섯 36
거미 14, 62
거미줄 62
검은색 109
게 110
게오르그 데 메스트랄 107
겨울잠 76
계(생물) 6, 20
계산 85, 101
고래 36, 57, 78, 79, 102
고릴라 21
고양이 78
곤충 95, 96
골디락스 영역 34
공기 23, 50
공기 저항 17
공룡 13, 121
공학 101
과일 56
과학 2-3
과학 소설 80-81
과학자 2, 3
광년 5
광산 97
광합성 107
구름 35, 44
군체 36, 53
궤도 7, 68, 82, 120
귀 59
균류 6, 36
균형추 70, 82

그래핀 98
근육 8, 58
금 50, 113
금박 113
금성 88
금속 97
기관 8, 14
기린 75
기억 90
기체 23, 39, 50
기초 10, 11
기타 61
기후 변화 22, 27, 111
깃털 13, 121
깊은 시간 52
꽃 56
꿀 56, 95, 105
꿀벌 56

ㄴ

나노 튜브 109
나무 104
나무껍질 104
나무두더지 105
나방 25, 86
나비 95
나사 54
나사(NASA) 80
나이테 104
나침반 40
나프타 39
난수 108
난자 112
날개로 미끄러지기 13
날씨 35
남극 40, 41, 67
낮 72

냄새 91
노벨상 30, 92
농지 24
뇌 90
눈 84
눈물 95

ㄷ

다리 42-43
다이아몬드 98, 99
단풍나무 73
달 15, 52, 72, 121
달의 바다 15
대기 12, 99, 106
대류권 12
대마젤란은하 18
대형 유인원 21
데네브 18
데시벨 19
도구 52
도루돈 79
도르래 55
도시 24
독 14
동공 84
동굴 87
동물 6, 14, 52, 53, 75, 76
동물의 독 14, 16
등유 39
딱정벌레 96, 107

ㄹ

라듐 30
레오 실라르드 92
레이저 69
로드호세투스 79

로버트 고다드 81
로버트 브라운 120
로버트 윌슨 94
로버트 하인라인 80
로버트 훅 120
로봇 팔 80
로제타호 121
로켓 7, 48-49, 81, 121
로켓 V-2 121
로켓 발사 49
루이 파스퇴르 94
리제 마이트너 121
린네아 보레알리스 20

ㅁ

마그마 46
마리 퀴리 30
말 78
말소리 19
맛 91
망원경 18, 109, 120
매 7
맨틀 28, 46
먹이 13
메탄 99
멸종 26-27
명왕성 18
모멘트 규모 89
목성 18, 77, 88, 99
목재 9, 104
뫼비우스의 띠 66
무척추동물 6
문어 84
물 8, 16, 24, 50
물고기(어류) 37, 110
물관부 104
물총새 17

민들레 73

ㅂ

바다 24, 28, 57, 121
바람 10, 67
바이오디젤 22
바퀴 55
박쥐 78, 86
박테리아 8, 107
반도체 107
반향정위 86
발 78, 79
발명 80-81, 107
방사능 30, 108
방사선 30, 68
방적 돌기(실돌기) 62
배아 112
배터리 16
백색왜성 33
백혈구 60
버탐야자나무 105
번개 44, 77, 99
벌 16, 56, 95
벌새 37
베르누이 수 101
벨크로 107
별(항성) 18, 32-33, 52
별의 잔여물 33
보이저 1호 121
복제 53
부르즈 칼리파 10
부상 14
북극 40, 41, 67, 102
북극성 18
북극제비갈매기 67
분류 20
분자 50, 64, 65, 72

불 52, 53, 120
불꽃놀이 19
불멸 53
붕대 14
블랙홀 33
비 87
비둘기 75
비밀 코드 108
비탈 54
비행기 7, 19
빅뱅 52, 94
빛 18, 64-65, 68, 69, 109
빛의 속도 7, 93
빨판 84
뼈 8, 31, 58, 78, 84
뿌리 53, 104

ㅅ

사람의 몸 8, 31, 58-59, 60, 90, 91, 112, 120
사막 24
사시나무 53
사이먼 레이크 80
산성 16, 87
산소 8, 50, 76, 120
산호 110-111
새(조류) 13, 26, 37
새우 110
색 65
생물 6, 52, 53, 74, 75
서식지 27
석순 87
석유 38
석유 시추 38
석회암 87
설탕 23
섭입대 46

성게 110
성냥 31
성운 32
성층권 12
세포 8, 60, 72, 104, 112, 120
소금 95
소리 19
소리의 속도 7
소행성 106
속 20
속도 7, 17
쇠똥구리 45
쇼크 업소버 11
수분(가루받이) 56, 105
수성 88
수소 8, 23, 50, 69, 103, 106
숲 24
스크루 프로펠러 94
시력 문제 59
시리우스 18
식물 6, 73
식물 플랑크톤 35
식세포 60
식초 16
신경 세포 60, 84
심장 58, 76, 84
쐐기 17, 54
쓰레기 9
씨앗 56, 73

아가미 84
아기 21, 112
아노 펜지어스 94
아르만(ARMAN) 37
아르파넷 114
아서 C. 클라크 81

아스팔트(역청) 39
아우구스트 뫼비우스 66
아폴로 11호 48
악어 36, 95
알렉산더 플레밍 94
알루미늄 9, 11
알베르트 아인슈타인 92-93
알코올 105
암모니아 16
암불로세투스 79
암석 11, 15, 28, 46, 87, 89
암흑 물질 45
암흑 에너지 45
압력 38, 57, 68, 89
압축 42
앙투안 라부아지에 120
양서류 26, 37
양전하 44, 63
어둠 속에서 빛나는 것 31
얼음 24, 102
에너지 9, 17, 65, 69, 89, 93, 107
에베레스트 산 57
에이다 러브레이스 101
에탄올 23
여름 없는 해 47
여우원숭이 37
연료 39, 48, 49
연필 98
열차 7, 17
염기성 16
영장목 37
예술 52
오랑우탄 21
오존층 12
오줌 16, 31
오토 한 121
옥수수 23
온기 13

온도 28, 38, 44, 46, 76, 99, 102, 103
왈도: 궤도의 천재 80
왈도스 80
외계 생명 34, 88
요한 리스팅 66
용광로 94
용암 46
우박 44
우엉 73
우주 4, 18, 32-33, 45, 48, 52, 58-59, 68, 82-83, 106, 109, 121
우주 비행사 58-59, 113
우주 엘리베이터 82-83
우주 전쟁 81
우주 정거장 58, 82
우주 탐사선 7, 121
우주 탐사선 이카로스 69
우주복 113
운석 12, 106
원생생물 6
원소 8, 30, 31
원숭이 21
원자 8, 50, 51, 63, 69, 93, 98, 120, 121
원자 물질 45
원자력 93
원핵생물 6
월드 와이드 웹 81, 121
위 16
위성 88
위장 13
유럽 88
유리 9, 11
유선형 17
유성 12, 106
유성체 106
유인원 21

은하수 45, 52
음식 31, 56
음악 61
음전하 44, 63
의식 90
이산화탄소 50, 87
이슬 107
이오 88
이주 67
인 8, 31
인구 24
인류(사람, 인간) 20, 21, 27, 52
인장 42
인터넷 114
일각고래 102
잉크 84

ㅈ

자궁 112
자극 40, 41
자기 부상 열차 7
자기장 40, 41
자동차 22-23
자석 97
자연 과학자 74
자연 선택 75
자연의 체계 20
자외선 86
잠수함 80, 121
재활용 9
저장 장치 100
적도 83
적색거성 32
적색왜성 34
적외선 113
적혈구 60
전구 54

전기 23, 44, 63, 93
전자 51, 63
전자 현미경 51
전자레인지 94
전자파 94
접합자 112
정유 공장 39, 120
정자 112
정전기 44, 63
제2차 세계 대전 85
제임스 허턴 120
존 로지 베어드 120
종 6, 13, 20, 26, 74, 75, 96
종교 74
종유굴(석회 동굴) 87
종유석 87
종의 기원 74
종이 9
주계열성 32
주사위 108
주스 16
중간권 12
중력 58, 59, 72
중성(화학) 16
중성자별 33
쥘 베른 80
증기 기관 100
증류 39
증발 35
지각 7, 28, 46, 89
지구 5, 7, 12, 24, 28, 34, 40, 41, 46, 52, 72, 88, 103, 106, 120
지구 온난화 22, 102
지레 55, 70-71
지리상 극점 40, 41
지방 8
지지 기둥 11
지진 7, 29, 89

지진 해일(쓰나미) 29
진동 61
진앙 89
진화 6, 52, 74, 75, 78, 79
질병 27
질소 8, 50
집파리 61

ㅊ

찰스 다윈 74, 75
찰스 배비지 100
챌린저 해연 57
척추 59, 110
척추동물 6
천문학 34, 101
천왕성 88
철 10, 11, 43, 62, 97
철광석 97
청색거성 18, 34
체관부 104
초고층 빌딩 10-11
초신성 33
총알 7
축(지구의 자전축) 40
축바퀴(윤축) 55
치타 7
침팬지 21

ㅋ

카멜레온 37
칼 린네 20
칼슘 8
컴퓨터 85, 100-101, 108
컴퓨터 과학 81
케이블 114
코끼리 36

코코넛 22, 73
콘크리트 10
크레이터 15
큰개자리 18
클론 53

ㅌ

탄소 8, 97, 98, 99, 109
탐보라 산 47
태아 112
태양 5, 12, 32, 52, 68, 103
태양계 52, 68, 88, 103, 121
태양돛 68, 69
태양전지판 103, 107
텔레비전 19, 120
토성 88
토니 100
투명 113
투석기 70-71
트럭 19
트롬본 19
트리에스테호 121
팀 버너스 리 81, 121

ㅍ

파도 29
파충류 26, 36, 37
파키세투스 79
퍼시 스펜서 94
페니실린 94
페인트 63
포식자 13, 25, 27, 84
포유류 26, 78
폭풍 77, 108
폴로늄 30
폴립 53

표백제 16
풀리 55
프란시스 페팃 스미스 94
프랑켄슈타인을 위해 다이얼 'F'를 돌려라 81
프로그래밍 101
프록시마 켄타우리 5, 18
플라스틱 9
플랑크톤 35, 38
피부 8, 13

ㅎ

하늘 64-65
하버드 컴퓨터 85
학명 20
해독제 14
해석 기관 100-101
해양학 102
해왕성 88
해저 2만 리 80
해커 108
해파리 53
핵(세포) 60
핵(원자) 51, 93
핵(행성) 28, 99
핵분열 93
핵융합 69
핵폭탄 92, 93
핼리 혜성 85
햇빛 35, 68
행성 34, 88
행운 94
헤니히 브란트 31
헨리에타 스완 레빗 85
헬륨 50, 69, 103, 106
현미경 35, 120
혈액 8, 14, 76

형성층 104
혜성 68, 121
호모 사피엔스 20, 21, 52
호모 에렉투스 52
호모 하빌리스 52
호흡 76, 91
화산 46, 47
화산 폭발 29, 46, 47
화성 81, 88
황제펭귄 57
휘발유 22, 39
흑색왜성 33
흑연 98, 99
흰개미 96
힘 10, 42, 43, 54, 55

DNA 72
$E=mc^2$ 93
H. G. 웰스 81
pH 16
X선 30

인터넷에서 자료 찾기

어스본 영문 홈페이지에서 바로가기 링크를 살펴보세요. 과학에 관한 놀라운 사실들을 더 발견할 수 있어요. 다만 연결되는 웹사이트는 모두 영문으로 제공된답니다. 어스본 바로가기(usborne.com/quicklinks)에 방문해서 검색창에 '100 science things'를 입력해 보세요.

우리가 추천하는 웹사이트에서는 다음과 같은 것을 찾아볼 수 있어요.

- 쇠똥구리가 일하는 모습
- 우리 삶을 구성하는 많은 발명품들
- 지진 해일이 형성되는 과정
- 행성과 다른 천체 관찰
- 고래와 물고기의 소리 듣기

어스본 바로가기에서 추천하는 웹사이트의 내용은 계속 새롭게 바뀔 거예요. 하지만 어스본 출판사에서 직접 자료를 올리는 것은 아니라는 사실을 알아 두세요. 어린이가 인터넷을 사용할 때에는 부모님께서 지켜보면서 지도해 주시는 것이 좋아요.

어스본 출판사는 어스본 바로가기 이외의 정보 이용에 대한 법적 책임을 지지 않습니다. 또한 추천한 웹사이트에서 발생하는 바이러스 피해에 대해서도 법적 책임이 없습니다.

20명의 사람들이…
이 책을 만들기 위해 힘을 모았어요.

1단계: 조사·글
4명의 작가가 100개의 주제를 골라 원고를 작성했어요.

알렉스 프리스
미나 레이시
제롬 마틴
조너선 멜모스

2단계: 디자인
4명의 디자이너가 페이지를 구성하고 꾸몄어요.

매튜 브롬리
메리 카트라이트
렌카 흐레호바
스티븐 몽크리프

3단계: 일러스트레이션
2명의 일러스트레이터가 그림을 그렸어요.

페데리코 마리아니
조지 마틴

4단계: 사실 확인
6명의 전문가가 모든 과학적 사실의 정확도를 검증했어요.

마크 챔킨스
해리 클리프 박사
마거릿 로스트론 박사와 존 로스트론 박사
크리스티나 라우스 박사
로저 트렌드 박사

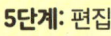

5단계: 편집
3명의 편집자가 각 페이지를 정교하게 다듬었어요.

루스 브로클허스트
제인 치즘
제니 타일러

6단계: 생산
1명의 생산 관리자가 이 책을 인쇄하고 제본했어요.

케이 캐롤

한국어판 1판 1쇄 펴냄 2017년 6월 1일 | 1판 13쇄 펴냄 2025년 11월 30일
옮김 최새미 편집 김산정 디자인 황혜련 펴낸곳 (주)비룡소인터내셔널 전화 02)6207-5007 팩스 02)515-2007
한국어판 저작권 © 2017 Usborne Publishing Limited.

영문 원서 100 THINGS TO KNOW ABOUT SCIENCE 1판 1쇄 펴냄 2015년
글 알렉스 프리스, 미나 레이시, 제롬 마틴, 조너선 멜모스 그림 페데리코 마리아니, 조지 마틴 펴낸곳 Usborne Publishing Limited. usborne.com
영문 원서 저작권 © 2024, 2021, 2015 Usborne Publishing Limited

이 책의 영문 원서 저작권과 한국어판 저작권은 Usborne Publishing Limited에 있습니다.
저작권법에 의하여 한국 내에서 보호를 받는 저작물이므로 무단전재와 복제를 금합니다.
이 출판물의 어떠한 부분도 인공 지능 기술 또는 시스템(텍스트 또는 데이터 마이닝 포함)의 학습 목적으로 복제되거나
사용될 수 없으며, 당사의 사전 허가 없이 정보 검색 시스템에 저장하거나 어떤 형태로든 전송할 수 없습니다.
어스본 이름과 풍선 로고는 Usborne Publishing Limited의 트레이드 마크입니다.